Mettez de l'art
dans votre com

Éditions d'Organisation
1, rue Thénard
75240 Paris Cedex 05
www.editions-organisation.com

© Éditions d'Organisation, 2003
ISBN : 2-7081-3004-8

Anne KIEFFER et Michèle BENATTAR

Mettez de l'art dans votre com

Préface Michel GRANDJEAN

Éditions
d'Organisation

Remerciements

Nous tenons à remercier **Johanna Benattar**, jeune diplômée d'école de commerce, pour sa précieuse collaboration dans la réalisation de ce livre. Elle en a d'ailleurs rédigé de longs passages dans plusieurs chapitres. Plus important encore, son intelligence et sa vision vierge de tout préjugé ont contribué à faire de ce livre un document qui s'inscrit dans notre temps et qui s'adresse à toutes les générations.

Nous remercions aussi Citroën, Jean-Marc Savigné, Euro RSCG et Jacques Séguéla pour leur contribution à la couverture de ce livre.

Nous dédions ce livre :

- À tous les artistes qui embellissent notre quotidien, lui donnent du sens, et ouvrent notre regard.
- À tous les acteurs économiques qui diffusent avec passion, et souvent sans suffisamment de moyens, la production artistique.
- Aux entreprises qui contribuent à soutenir activement l'art, restaurent notre patrimoine, et ressourcent ainsi leurs salariés, leurs partenaires.
- Aux pouvoirs publics qui proposent de nouvelles perspectives avec les récentes lois sur le mécénat en faveur des actions citoyennes.
- Aux médias qui assurent la transmission des savoirs par une politique culturelle active.
- Et bien sûr, à tous les clients et futurs clients qui font confiance à MPG Art.

Préface
L'art, expression du futur
par Michel Grandjean
Président MPG

Dans le monde d'aujourd'hui, le développement des entreprises nécessite l'invention de produits ou de services pour satisfaire les attentes des consommateurs. Il faut, en même temps, élaborer de nouvelles structures pour animer et motiver les forces vives de toute organisation, qu'il s'agisse d'entreprise, de collectivité ou d'administration. Dans cette ligne, puiser de la créativité dans l'art ouvre de formidables perspectives aux entreprises, les conforte au sein de l'économie durable, les valorise auprès de tous leurs publics : consommateurs à fidéliser et collaborateurs devenant partenaires.

Partenariat et fidélisation se nourrissent de communication ; l'art est une ressource sous-utilisée par rapport à ces missions. Ce *vade-mecum* est l'occasion d'évoquer les synergies entre ces deux mondes si proches, même si le quotidien tend à les éloigner. D'ailleurs, en amont même de la communication, la proximité entre les entrepreneurs et les artistes est forte. Quelques exemples, simplement pour vous interpeller : évoquons le rapport respectif des entrepreneurs et des artistes au marché d'abord, au temps ensuite, puis à l'organisation. Peut-être de quoi vous convaincre que cette proximité mérite d'être considérée...

Entrepreneurs et artistes sont également sensibles à la réponse du marché. Cette réponse est appréciée par les indicateurs marketing classiques (part de marché, suivi des ventes) pour les uns, par la cotation du talent pour les autres ; après tout, une nomination aux Oscars vaut bien une consécration au CAC 40. De même, la fréquentation d'un musée est très proche du concept d'audience qui influence tant le monde des mass médias. Au passage, accordons donc les mots à leur époque : l'amateur d'art devient consommateur, comme « l'usager des services publics » est devenu client. Face au marché, est-il indécent de considérer que l'art doive se rapprocher de la consommation de masse... comme tant de produits et de marques savent le faire ?

Soyons réalistes, entrepreneurs et artistes se retrouvent aussi, sinon sur le marché financier des spéculateurs, du moins sur celui des « actifs comptables » et du patrimoine. Ils s'inscrivent dans le cycle des placements qui est toujours renouvelé : après la terre, l'or, puis l'immobilier, les valeurs mobilières sont devenues des actifs de référence. Maintenant l'art émerge : qui pourra apporter simultanément plaisir et patrimoine, au profit des passionnés d'abord, des spéculateurs ensuite. Est-ce un nouvel ordre... ? Au plan financier le mécénat, si important pour l'art et la culture, pourrait à terme jouer un rôle différent de la place qui lui est actuellement dévolue, peut-être analogue à celui des subventions sur des marchés protégés ou défaillants. Le financement de l'art répondrait alors à d'autres motivations.

Certes, le rapport au temps diffère, mais, pour tous, le talent s'inscrit dans la durée : sous cet angle, la pérennité de l'œuvre artistique est une évidence. *A contrario*, l'entreprise actuellement soumise à la règle du « quarter », agent polluant de la mondialisation, devrait s'inscrire elle aussi dans la durée : stratégie et culture d'entreprise ne sont pas des objets jetables. Les traiter comme tels est une faute. Les risques de l'entrepreneur et les risques du créateur ont les même ressorts : le projet et l'engagement qui s'inscrivent dans la durée. Mais force est de constater que l'artiste, ses valeurs et son expression maîtrisent mieux le temps. La marque, élément d'identification de l'entreprise, doit elle aussi maîtriser le temps avec le soutien de l'entreprise, de sa culture et de son organisation.

La nouvelle organisation de l'entreprise devra toujours plus valoriser les « travailleurs du savoir », notamment ceux qui ont un véritable savoir-faire et une expertise technique, voire un sens des relations humaines et de l'animation d'équipes. Ces références, ce partenariat, que l'entreprise devra mettre en place (par ses structures et son « management »), sont à l'image du statut actuel de l'artiste, travailleur indépendant et polyvalent. L'organisation est d'ailleurs diverse dans ces deux univers : la différence est grande entre le patron d'une PME ou le CEO d'une multinationale, d'une part, et entre l'artiste peintre dans son atelier ou le chef d'un orchestre en tournée mondiale, d'autre part.

Tout ceci est bien naturel puisque les métiers de l'art, l'artisanat, l'industrie et les services sont trois composantes de la création qui ne s'enrichissent qu'au service des hommes : les marques, comme l'art, sont des références pour les consommateurs sur les marchés.

Sommaire

Deuxième partie. La place de l'art dans les médias et dans la communication, un enjeu majeur du XXIᵉ siècle

Préambule
L'art est communication

▦ Qu'est-ce que l'art ? À quoi sert-il, pour qui, comment ?

L'art est-il un moyen d'expression comme un autre ou est-il une expression en lui-même de quelque chose de plus élevé (le vrai, le beau, la liberté, le sublime…) ? Existe-t-il réellement, est-il présent dans notre vie ou ce mot a-t-il été simplement inventé pour exprimer l'inexplicable ?

Depuis l'Antiquité, l'art, concept complexe, a fait l'objet de nombreuses interprétations. Nous n'aborderons succinctement que les plus originales d'entre elles. Il y a plus de 2 300 ans, le philosophe Platon, dans *La République*, procède à une critique politique de l'art. Pour lui, poésie et peinture sont des arts mensongers. Seuls les artistes qui obéiront au philosophe seront acceptés dans la Cité idéale. Dans cette théorie pour le moins autoritaire, seul le philosophe-roi ou le roi-philosophe est à même de dire le Vrai et le Juste en matière de science comme en matière d'art.

Il faudra attendre 1750 pour qu'une nouvelle science voie le jour, l'esthétique. Nous la devons au philosophe allemand Baumgarten qui emploie ce terme au sens d'une investigation théorique de l'art. Cette « science de l'art » a pour objet « le beau » et l'émotion que sa contemplation produit chez l'homme. C'est d'ailleurs à partir du XVIIIᵉ siècle que la plupart des philosophes vont se pencher sur le concept d'art. Emmanuel Kant (1724-1804) se risque à le définir comme le pur produit de notre jugement de goût. La valeur de l'œuvre d'art n'est inscrite que dans

I

l'œil du spectateur qui la regarde. Seul le plaisir immédiat et désintéressé suffit. Sans aucune connaissance particulière, je sais si j'aime ou non, si l'œuvre d'art me procure du plaisir ou du déplaisir. En d'autres termes, l'art est subjectif, simple affaire de goût.

Pour Schopenhauer (1788-1860), l'art est le remède pour lutter contre la dureté de la vie. La fonction principale de l'art est de permettre à l'homme de se libérer du monde dans lequel nous vivons, d'échapper à la souffrance et au mal de vivre. Quand l'homme contemple un tableau, il oublie quelques instants les malheurs de son existence et accède à un univers d'idées où règne une forme de calme apaisant. C'est le premier philosophe à introduire en art le « sublime », la richesse de sens d'une œuvre d'art ne se mesurant plus seulement à la volonté d'exprimer le beau ou le laid.

Parmi les artistes, Léonard de Vinci dans son *Traité sur la Peinture* nous dit : « *Une œuvre peut être considérée comme une œuvre d'art si elle répond à trois critères : le plaisir de l'œil, l'intelligence et l'émotion.* » En d'autres termes, le spectateur prend plaisir à la regarder, elle véhicule une idée, un message ou un concept, et elle exprime des valeurs universelles en même temps qu'individuelles qui suscitent l'émotion.

Un constat s'impose : de manifestes en traités, d'études de l'esthétique en approches plus philosophiques, personne n'est jamais parvenu à cerner précisément toutes les facettes de l'art. Nous laisserons donc aux théoriciens, aux philosophes et aux artistes le soin de tenter de le définir et de l'expliquer.

Notre propos est une approche de l'art et de ses fonctions sous l'angle « communication ». L'art est-il un autre langage de communication avec ses codes, ses signes et ses symboles ? Au fil de l'histoire de l'art, de quels messages a-t-il été porteur ? De quelles missions est-il l'instrument aujourd'hui ? À l'heure des médias de masse, du marché de l'art, quelle est la place de l'art ? L'art est-il toujours élitiste, ciblé, ou peut-il s'adresser à n'importe quelle personne ? Une éducation pour apprécier l'art est-elle possible ? La communication par l'art est-elle pour l'entreprise le moyen d'accroître ses liens avec la société civile, offrant ainsi de nouvelles perspectives et de nouvelles stratégies ?

On admet que l'art a une histoire qui commence avant même celle de l'écriture. Depuis ses plus lointaines origines, l'homme est artiste, et l'art, « respiration naturelle de l'homme », est né de son besoin de communiquer. S'il y a histoire, c'est que l'art a changé au fil des âges parce que l'homme a évolué. À quoi bon vouloir le comprendre quand c'est lui qui nous définit le mieux ? L'histoire nous montre que l'art, au fil du temps, a rempli plusieurs fonctions : magico-religieuse, pédagogique, sociale, outil de propagande... Aujourd'hui, toutes ces fonctions se cumulent.

L'art préhistorique et le magique

L'apparition de l'art rupestre correspondrait pour certains chercheurs à la révolution mentale de nos ancêtres « homo » vers - 35 000 ans. Avec l'apparition des grottes décorées, phénomène universel, l'histoire de l'humanité vit un tournant radical qui voit la naissance d'une nouvelle religion, l'émergence d'une nouvelle spiritualité. Cette explosion artistique et symbolique touche tous les continents, d'Europe à l'Australie en passant par l'Afrique. Selon l'expression célèbre de l'Abbé Breuil, « *le berceau de l'art, comme celui de l'humanité, est un berceau à roulettes* », c'est-à-dire que l'apparition de l'art « figuré » est un phénomène éclaté qui se manifeste à des moments différents en divers lieux de la planète Pour exemple, la grotte de Chauvet (- 35 000 ans) a deux fois l'âge des grottes de Lascaux (- 17 000 ans), et toutes deux présentent le même style magdalénien.

L'art des cavernes est alors magique, incantatoire (magie de la chasse, de la fécondité…), et des pratiques sacrées lui sont associées (peinture d'animaux, figures géométriques – croix, cercles –, mains, figures humaines stylisées…). Dessiner un bison, c'est probablement exécuter un signe magique pour invoquer l'esprit-bison et faire venir d'autres bisons. Cet art qui s'affiche est destiné à être vu en groupe, un peu comme les grandes fresques peintes sur les parois des églises. La grotte n'est d'ailleurs pas l'habitat des premiers hommes. Elle serait comparable à nos églises et cathédrales où se célèbrent des cérémonies collectives, où l'on trouve aussi des petites cryptes destinées aux prières individuelles. Face à un monde dangereux et inconnu, où l'individuel n'existe pas encore, l'ordre et le sens sont alors définis par des rites sacrés.

Avec l'antiquité grecque, l'art a une mission de commémoration

L'art perd alors sa fonction magique de perpétuer le présent afin d'incorporer l'idée de temps : pour immortaliser les exploits du passé, l'art devient commémoratif et commence à forger la mémoire collective d'une civilisation. Cette phase, la plus ancienne, correspond à la célébration des héros vainqueurs de retour de la guerre de Troie. La fonction de l'art qui devient alors prédominante est l'imitation de la nature. La tentation des artistes d'imaginer comment telle chose a pu se présenter en tel lieu à tel moment révolte Platon qui prône la primauté de l'Idée.

Avec le Moyen Âge, l'art est dédié à la gloire de Dieu et il a une fonction pédagogique

Avec la victoire du Christianisme au IVe siècle de notre ère, on assiste à une véritable révolution idéologique : l'art est au service de la religion et de l'enseignement aux croyants. Désormais, l'image ou la représentation doivent manifester la fonction sacrée et transcendante de l'art. « L'âme doit l'emporter sur le corps. » Avec des thèmes préétablis, l'artisan produit un discours édificateur à la gloire de Dieu ou de la vie céleste. Ne sera beau que l'art qui participe à la pensée du Divin. Par exemple, une icône byzantine, au-delà de sa contemplation, était porteuse d'un message sacré et appelait à la dévotion. Les fresques de Giotto de l'église Saint-François à Assise (Italie), qui mettent en parallèle la vie de Jésus et les événements marquants de la vie de Saint François, jouent le même rôle que les BD. Quel meilleur outil que l'image pour enseigner la foi à un peuple analphabète ?

L'art continuera à s'exprimer dans des constructions à caractère religieux, notamment les calvaires. En voici l'explication : au XVIIIe siècle, la religion commence à avoir un impact moins fort sur les personnes qui se désintéressent peu à peu du culte, d'où la baisse de fréquentation des églises qui préoccupe le clergé. Pour remédier à ce phénomène, les figures saintes sortirent de l'église : on plaçait les scènes qui d'ordinaire se trouvaient sur les murs à l'extérieur de l'église sur les calvaires. Le but était de confronter les personnes aux scènes de la foi chrétienne bien qu'elles ne fréquentent plus la messe. Autre anecdote intéressante : les gargouilles aux figures de démons que l'on voit sur les bords des toits d'églises symbolisent le mal. L'intérieur des églises est réservé aux figures rassurantes et bienfaisantes, afin d'enseigner qu'à l'intérieur des églises, on est à l'abri des démons du mal.

■ L'art de la Renaissance valorise la technique

À partir de la Renaissance, le lien art-religion commence à s'estomper. L'homme prend la place de Dieu comme centre d'intérêt, l'art et ses protecteurs se laïcisent. La société bourgeoise et commerçante organise le monde à partir d'un point de vue individuel. L'art devient louange de l'homme et du corps humain, et l'artiste est un observateur. Avec l'invention de la perspective par Brunelleschi en 1413, pour la première fois, art et science se rejoignent. Les règles de l'optique et des mathématiques définissent un nouvel ordre de mise en place du visible, qui prendra fin avec les impressionnistes et l'invention de la photographie.

Au XVIIᵉ siècle, art et pouvoir sont intimement liés

L'art est alors utilisé pour promouvoir ambitions personnelles et objectifs politiques. Les grands mécènes de l'État ont pris conscience de la formidable puissance de l'art pour communiquer leurs idées. Glorifier le Royaume, la vraie foi évangélique, la propre personne du monarque et de sa famille, lutter contre l'hérésie et la discorde, tels sont les messages puissants que les œuvres commandées doivent véhiculer. Le rapport entre l'art et l'absolutisme s'affirme. C'est ainsi que durant les 18 années (1624-1642) où il exerça les fonctions de Premier ministre de Louis XIII, le cardinal de Richelieu – l'un des plus grands et des plus impitoyables hommes d'État qu'ait connu la France – orchestra avec brio le parrainage de grands artistes (Poussin, Le Bernin, La Tour, Le Nain…), architectes et intellectuels de son époque, pour promouvoir sa vision nouvelle d'une France unifiée et d'une toute puissante monarchie de droit divin. Vers la fin du siècle, Paris commençait à rivaliser avec Rome comme capitale artistique de l'Europe.

La révolution industrielle préside à la sociologie de l'art

À partir de la révolution industrielle, le mouvement de désacralisation de l'art amorcé à la Renaissance s'accentue : l'art devient un document social. La sociologie de l'art est née. Cette discipline jeune et mouvante qui naît avec le XXᵉ siècle va s'employer à replacer la dynamique des arts plastiques dans le contexte des idées d'une époque ou d'en dégager la fonction sociale dans son approche économique, culturelle et institutionnelle. En effet, non seulement l'art a une histoire qui contraint notre regard à n'être que celui du temps présent sur un passé à jamais révolu, mais c'est aussi une activité en train de se faire, avec ses acteurs, ses institutions, ses lieux, ses règles et son marché. Certains, comme Max Weber, iront jusqu'à rapprocher les formes de l'art des idéologies ou des modes de gouvernement de l'époque.

▪ L'art-propagande des dictatures

L'exemple des dictatures des années trente en Espagne, Italie, Allemagne et URSS nous rappelle que l'art fut un outil de propagande pour auto-légitimer ces régimes politiques. De l'affiche à l'architecture en passant par la peinture et la sculpture, ces régimes mirent art et artistes à leur service pour prôner la toute puissance de l'État face à la petitesse de l'individu. Aucune contradiction ni opposition n'étant tolérées, les artistes « bourgeois » ou « dégénérés » furent bannis pour avoir eu comme seul tort de ne pas se plier à leur loi. S'il est muselé, l'art n'a plus le pouvoir de créer des idées nouvelles et de les diffuser dans la société. Ceci démontre l'importance primordiale de la liberté de l'art pour la liberté de la société et de la démocratie. La force de l'art est de permettre le développement personnel de l'individu qui ne passe pas par l'écrasement des autres. À ce titre, il représente un acte de paix à tous les niveaux de la vie et c'est pourquoi il est crucial d'empêcher sa subordination à toute domination, qu'elle soit intellectuelle, culturelle, économique, politique ou nationale.

■ L'art et la représentation du quotidien de l'après-guerre

Après la Seconde Guerre mondiale, l'art se donnera pour fonction de représenter l'univers quotidien de l'homme contemporain. C'est un fait : l'art est étroitement lié à son époque en constante évolution, et l'œuvre d'art n'a pas d'existence ou de fonction en dehors de ses effets sur les hommes qui l'observent. Avec la société de consommation, règne de l'obsolescence planifiée, de l'objet jetable après usage, de la fabrication en série, le matériau l'emporte sur le contenu : l'art devient alors un bien de consommation. Dans les années soixante avec le Pop'art, Andy Warhol puise dans le quotidien de la culture américaine pour créer de nouvelles images, transgressant les usages qui séparent l'art du non-art. Il n'est pas le premier – Duchamp et ses *ready-made*, Dada et les détournements d'objets. Par sa façon de tout mettre au même niveau pour en vider le sens : dollar, soupe Campbell', stars, objets, par sa technique de la sérigraphie, l'art entre dans une phase subversive qui suscite notre réflexion face au culte de l'image et au pouvoir des médias.

■ Qu'en est-il de l'art, aujourd'hui ?

Aujourd'hui, à l'ère des nouvelles technologies et du multimédia, les mots clés sont information et communication. Aujourd'hui, on pense vidéo, son, image et texte. La prise de conscience écologique et éthique, l'inscription des entreprises dans le développement durable, la fascination pour les mystiques orientales, l'appel religieux au sens large traduisent les questionnements d'une société en marche vers son humanité. Comment en saisir le sens et en formuler les langages ? Le savant et la science sont-ils en mesure d'élargir les horizons de notre sensibilité et de notre conscience pour une meilleure adaptation humaine ? Si la science est nécessaire pour définir les rapports du fait avec le fait dans le monde formel, repousser les limites de l'inconnu et faire progresser la connaissance, est-elle suffisante ? Il y a de grands savants qui raisonnent mais qui ne savent pas émouvoir.

Qu'en est-il alors de ce « supplément d'âme » que Bergson réclamait pour la civilisation moderne en quête de spiritualité ? L'art suggère les rapports de l'homme avec l'homme. Son langage dépasse la raison pour faire vibrer le cœur en touchant notre sensibilité. Comme la religion, l'art est révélation, suggestion d'un invisible « dans la chair même du monde ». Lui seul est capable de relier les mondes intérieur et extérieur. L'un est homme, esprit, rêve, imaginaire, ludique, l'autre est matière. Dans notre monde où phénomènes sociaux, psychologiques, biologiques et environnementaux sont intimement imbriqués et interdépendants, seul l'art et sa pluridisciplinarité peuvent en saisir le sens pour créer de nouvelles passerelles, activer et accélérer la communication. De l'art thérapie à l'art anti-stress, de l'art dans la rue à l'art dans la publicité et dans l'entreprise… son approche pluridimensionnelle avec l'homme engendre une communication puissante et complète. Formidable outil de propagation de sens, voilà pourquoi il est indispensable et irremplaçable.

La société doit reconnaître que l'art est une fonction nécessaire à la collectivité, à son équilibre, à son enrichissement et à son devenir. Pour l'entreprise citoyenne impliquée dans la cité, soucieuse de ses richesses, de son identité et de son environnement, les valeurs attachées à l'art rencontrent, alimentent et transcendent ses valeurs-forces, contribuant ainsi à développer son potentiel d'audience, d'impact, d'attractivité et d'empathie. Pour l'individu actionnaire, salarié, client, citoyen et « consom'acteur », l'art et son langage contribuent à l'épanouissement de l'homme par son message humaniste et poétique, vrai, authentique et désintéressé. Quant à l'artiste, il est le témoin, le médium, le devin qui se penche sur sa sensibilité, ses pressentiments et sur ses visions. Il traduit directement en images, sons, mots, mouvements, la vaste conscience humaine que ses contemporains soupçonnent mal.

Si le philosophe a régné sur le monde antique, si le savant règne provisoirement sur le monde d'aujourd'hui, peut-on penser que l'artiste régnera sur le monde de demain ? L'artiste du temps présent fera-t-il l'histoire du temps futur ?

Première partie

L'art au présent dans la société française

Aujourd'hui, l'offre culturelle est l'affaire de tous : pouvoirs publics et collectivités locales, particuliers, entreprises, médias... Tous ont un rôle à jouer dans la diffusion de la culture dans la société française.

Au niveau européen, dès 2003, les signataires du traité de Maastricht souhaitent créer un « espace culturel européen ». L'Union contribue à l'épanouissement des cultures des États membres, dans le respect de leur diversité, tout en mettant en évidence l'héritage culturel commun. Pour ce faire, plusieurs programmes ont été mis en place, tels que Culture 2000, qui encourage la créativité et la mobilité, l'accès à la culture, la diffusion de l'art et de la culture, de même que le dialogue et la connaissance de l'histoire et du patrimoine culturel des peuples d'Europe.   uant à Media +, son rôle est de renforcer la compétitivité de l'industrie audiovisuelle européenne. De plus, depuis 1992, les   uinze se sont dotés d'un régime commun de protection de leurs biens culturels, ayant pour objectif de préserver leurs trésors artistiques, historiques ou archéologiques nationaux et de s'assurer qu'ils ne quittent pas illégalement le territoire de l'UE. D'autre part, grâce à un système de taxation réduite, les états membres ont ainsi la possibilité de soutenir certains produits et services culturels tels que le livre, les droits d'auteur, les expositions, les musées, entrées de cinéma et de concert... l'Europe de l'art se construit.

   u'en est-il de la situation française ?

Chapitre 1

Des liens qui se nouent entre l'art et le public

Un accès à l'art depuis peu élargi grâce à la politique de diffusion culturelle des pouvoirs publics

Quelques mots d'histoire sur nos institutions

▪ 1959 : naissance du ministère de la Culture

C'est en 1959 qu'est né le ministère de la Culture, tel qu'on le connaît aujourd'hui, chargé non plus de gérer une politique des « beaux-arts », mais d'assumer le « rôle, à la fois déterminant et limité, qui revient à l'État dans la nouvelle mission culturelle de la collectivité ». Ainsi, le ministère chargé des affaires culturelles a pour mission de rendre accessibles au plus grand nombre les œuvres capitales de l'humanité, et en premier lieu de la France, d'assurer la plus vaste audience au patrimoine culturel et de favoriser la création des œuvres d'art. La création de ce ministère est confiée à André Malraux, qui fut « ministre d'État, chargé des Affaires culturelles » de 1959 à 1969.

Peu à peu le ministère se développe, de nouvelles structures voient le jour. En décembre 1961, par exemple, la sous-direction du Spectacle et de la Musique devient la direction du Théâtre, de la

Musique et des Spectacles. En 1969, six directions et une inspection générale, de même que les Fouilles et l'Inventaire rattachés au Cabinet, matérialisent cette croissance administrative. L'organisation de l'administration centrale est complétée par la mise en place de comités régionaux des affaires culturelles (1963), de conseillers régionaux à la création artistique (1965) et des trois premiers directeurs régionaux des Affaires culturelles (1969). Ces dernières réformes amorcent la déconcentration du ministère. Et c'est en 1981 que le terme de « ministère de la Culture et de la Communication » s'impose. Désormais, la culture est considérée comme une véritable activité économique et la création culturelle comme un facteur de développement économique.

À noter

Le financement public annuel de la Culture s'élève à 11 milliards d'euros pour les collectivités locales, et à 1,33 milliard d'euros pour le ministère de la Culture.

PAYS	Montant du financement public en euros
Allemagne	7,11 MD
Espagne	1,9 MD
France	Collectivités locales : 11 MD Ministère de la Culture : 1,33 MD
Royaume-Uni	Arts Council of England : 283,3 M Department Culture and Sport : 1,33 MD
Suède	501,08 M
Italie	2,85 MD

Tableau comparatif du financement public de la culture
(sources : mini chiffres-clés/données 2000 - Ministère de la Culture et de la Communication
Département des Études et de la Prospective)

Les Drac : pour la diffusion et le soutien de la création et la formation

Le ministère de la Culture est présent dans chaque région, grâce notamment aux Directions régionales des affaires culturelles (les Drac). Placées sous l'autorité des préfets de région, les Drac sont chargées de la mise en œuvre, adaptée au contexte régional, des priorités définies par le ministère au travers de la loi du 6 février 1992. Leur mission est triple : aide à la diffusion, soutien à la création et à la formation. Elle porte sur tous les secteurs d'activité du ministère : patrimoine, musées, archives, livre et lecture publique, musique et danse, théâtre et spectacle, culture scientifique et technique, arts plastiques, cinéma et audiovisuel...

Représentantes en région de l'ensemble des services du ministère, c'est sur elles que repose la cohérence d'une politique globale en région. Elles assurent en effet la mise en œuvre de l'ensemble des interventions du ministère en fonction des objectifs communs à tous les secteurs, comme par exemple l'aménagement du territoire et l'élargissement des publics, l'éducation artistique et culturelle, et l'économie culturelle. Ainsi, la culture participe aujourd'hui pleinement à l'aménagement du territoire, c'est un élément clé de la cohésion sociale et un facteur reconnu de développement. Force est de constater que les ressources culturelles n'étant pas équitablement réparties sur le territoire, des déséquilibres existent entre Paris et les régions, entre les régions mêmes, et aussi entre les centres ville et les quartiers périphériques. Les objectifs de la politique d'aménagement du territoire et d'élargissement des publics sont les suivants : compléter les équipements existants, favoriser l'émergence de lieux de proximité afin de démultiplier l'action culturelle au plus près des citoyens et enfin susciter de nouveaux partenariats entre les institutions culturelles et artistiques et les professionnels du secteur socio-éducatif. Concernant l'éducation artistique et culturelle, des aides sont attribuées chaque année pour le fonctionnement des écoles de musique agréées et, dans un certain nombre de régions, aux écoles d'arts plastiques, après avis des inspections pédagogiques concernées.

De nombreuses actions en liaison avec les rectorats et les autres services de l'État sont conduites dans le but de promouvoir l'éducation artistique et culturelle en milieu scolaire et universitaire, et dans les autres lieux d'accueil des enfants et des jeunes (crèches, centres de loisirs, etc.), qu'il s'agisse de la connaissance du patrimoine, de l'initiation au langage artistique ou de l'approche de la création contemporaine. Ces actions portent notamment sur la mise en place de jumelages entre établissements scolaires et culturels, d'ateliers de pratique artistique et de classes culturelles, ou encore sur les résidences d'artistes.

En outre, les Drac participent à la structuration du secteur économique de la culture. À ce titre, elles apportent aide et conseil aux entreprises culturelles, comme par exemple aide à la gestion, aide au démarrage, ou encore réalisation d'un audit. Elles soutiennent également le développement du mécénat culturel.

Les Frac : un patrimoine contemporain considérable qui fête ses 20 ans

Puis, en 1982, l'État cofinance avec les régions la mise en place des Fonds régionaux d'art contemporain (Frac) au nombre de 22 aujourd'hui, dans la double perspective d'une décentralisation artistique, et d'une exposition et diffusion de la création contemporaine. Conçus à l'origine comme fonds d'acquisition d'œuvres d'art contemporain, ils sont les outils essentiels de l'action d'aménagement culturel du territoire. Dotés d'un programme de diffusion de leurs collections à travers une activité régulière d'expositions, d'éditions et d'initiatives à caractère pédagogique, les Frac affirment désormais aux côtés des collections nationales, l'implication des collectivités locales dans l'enrichissement du patrimoine artistique de notre époque. Il existe un Frac par région, soutenu par l'État et la région.

Les Frac sont l'emblème de la décentralisation en matière de création contemporaine, et les collections exceptionnelles constituées peuvent en témoigner. D'ailleurs, à l'heure où, pour la grande majorité, les Frac ont mis en place leur programme de passage aux « Frac de deuxième génération », avec de nouveaux bâtiments, nouveaux équipements et re-formulation de leurs objectifs, fêtant aussi leur 20e anniversaire, un petit bilan de leurs activités s'impose donc… : Nous pouvons ainsi signaler un patrimoine contemporain exceptionnel, avec un fonds riche de plus de 15 000 œuvres, de près de 3 000 artistes des 30 dernières années. Force est ainsi de constater qu'ils ont enrichi un patrimoine national qui n'avait accordé que peu de crédit à la création contemporaine et développé une mission de diffusion et de pédagogie jusque là inédite. L'ensemble des ces 22 collections constitue aujourd'hui un patrimoine inégalable d'une extrême diversité. En effet, la quasi-totalité des expressions de la création contemporaine y est représentée.

Les œuvres sélectionnées au gré des commissions d'achat sont généralement de première importance. Cependant, si chaque Frac a pris le soin de faire connaître sa collection, de la diffuser amplement et de la publier, la somme globale que représente cet ensemble, à l'échelle nationale, n'a jamais été réalisée.

Zoom sur les 20 ans des Frac : juin-décembre 2003

C'est donc à l'occasion de leur 20e anniversaire que les Frac ont décidé de mettre en place cet important projet d'inventaire. Le dispositif présenté à cet effet, *Trésors publics*, se déploie sur l'ensemble du territoire français et dresse un panorama de plus de 30 ans de création contemporaine à travers le patrimoine et les différentes activités des Frac depuis leur création : expositions de très grande envergure, toutes disciplines confondues (peinture, sculpture, photographie, vidéo, installation...), projections, rencontres et publications se succèdent aussi bien au niveau national que territorial.

Ainsi, quatre grands ensembles d'expositions se déroulent de manière simultanée dans de multiples lieux de quatre villes en région : Avignon, Strasbourg, Nantes et Arles. S'ajoutent à cela un séminaire au Centre Pompidou et une publication afin de mettre en perspective ce volet national.

Au niveau régional, les Frac proposent une série de manifestations dans chacune des 22 régions, de même que des rencontres interprofessionnelles (à Sélestat, en Alsace). Les quatre ensembles d'expositions sur les quatre grandes villes présenteront des œuvres d'artistes comme Debré, Dedottex, Soulages, André,

Buren, Flavin, Deleuze, Viallat, Arman, César, Warhol, Ben, Roth, Sarah Morris...

Par exemple, à Arles aura lieu l'exposition *Mimesis* à l'église Sainte-Anne, en réponse aux Rencontres internationales de la photographie, afin de rappeler que la constitution des collections Frac s'est largement faite à partir du modèle photographique et de certaines de ses images historiques (Baldus, Callahan, Florence Henri, Joseph Sudek...) et contemporaines (Bustamante, Fabro, Faigenbaum, Rodney Graham...). À Strasbourg, au Musée d'art moderne et contemporain, se tiendra une exposition sur le cinéma, retraçant à travers des pièces essentielles (Coleman, Gordon, Dan Graham, Kelley...) les différents aspects de la création contemporaine.

La décentralisation culturelle : entre l'État et les collectivités locales, qui est le plus apte à s'occuper de la Culture ?[1]

Au cours des années quatre-vingt, le ministère de la Culture a été l'un des plus rétifs au transfert de compétences aux collectivités locales, la raison officielle étant un souci de protéger la vie artistique des nombreuses pesanteurs locales, notamment d'ordre administratif. Cette politique est cependant souvent apparue comme étant un moyen pour l'État de faire financer ses propres

1. Source : *Beaux-Arts Magazine*, janvier 2003.

choix sans mettre la main à la poche. Néanmoins, les crédits accordés aux régions ont eu un effet plus que positif dans le développement des équipements culturels et des enseignements artistiques. D'ailleurs, force est de constater que les villes, régions et départements dépensent plus pour la culture que l'État. Et leur crédibilité s'est accrue à travers le développement des services culturels au sein des administrations territoriales, conduisant naturellement à une augmentation des responsabilités des collectivités. Nous pouvons illustrer ces dires par l'exemple des archives nationales, confiées aux départements. Ainsi, les effectifs affectés à la conservation des archives ont crû de 250 % entre 1986 et 2000. De même, les inaugurations et restaurations de bâtiments se sont considérablement multipliées en régions.

Une question reste cependant en suspens : les collectivités locales sont elles prêtes à assumer de nouvelles charges ? C'est surtout au sujet du budget que s'est focalisé le débat sur le projet de loi de révision constitutionnelle. Pourtant, nombreuses sont les régions qui souhaitent s'investir d'avantage, au risque d'être condamnées à augmenter la pression fiscale, avec les dangers électoraux que cela comporte. Si les lois de décentralisation ont confié aux départements les archives et les bibliothèques centrales de prêt, elles ne prescrivent pourtant pas d'actions précises aux régions, en dehors de la règle du 1 % artistique pour les constructions publiques, et d'une possibilité de financement des musées régionaux et établissements artistiques. De leur côté, les départements ont de remarquables réalisations à faire valoir : la rénovation du musée Matisse au Cateau-Cambrésis, sous la houlette du conseil général du Nord, ou, récemment, la construction du musée de Saint-Romain-en-Gal (Rhône). Mais, « *si on parle beaucoup des régions et des départements, les villes restent au cœur du dispositif, elles sont l'acteur principal des politiques culturelles publiques* », rappelle Patrice Béghain, adjoint à la

Culture de Lyon. Pourtant, la directive de Jean-Pierre Raffarin semble privilégier les régions...

En outre, le gouvernement mise énormément sur le droit à l'expérimentation, déjà inclus dans la loi dite de « démocratie de proximité », et qui devrait être inclus dans la Constitution, à l'issue du processus législatif en cours. D'après Jean-Marie Ponthier, spécialiste du droit de la culture, « *l'expérimentation ne peut avoir pour "philosophie" qu'une amélioration du service public. Et il ne s'agit pas nécessairement de "faire plus" que ce que fait l'État, (ce qui serait fort improbable sur un plan financier), mais de faire "autrement" en espérant qu'il en sortira un "mieux"* ».

Sous l'ancien gouvernement, l'initiative avait d'ailleurs été prise, à travers des protocoles de décentralisation culturelle, d'expérimenter, en collaboration avec les régions et départements volontaires, des transferts de compétences, notamment concernant le patrimoine et l'éducation artistique. Et si l'on prend l'exemple de l'Isère, qui a conclu un protocole sur le patrimoine, l'expérience est jugée très positive par le département et les services de l'État, en l'occurrence la Drac. Ces fameux protocoles ont ainsi pour vocation d'identifier de nouvelles compétences culturelles pour les collectivités territoriales.

Et le patrimoine est un des domaines concernés par l'acte 2 de la décentralisation. En effet, les collectivités locales ont fait preuve d'un fort intérêt et d'une volonté de prise de responsabilité à cet égard. L'incapacité de l'État à assurer le bon état de monuments historiques irrite de plus en plus les collectivités lassées de la lourdeur des procédures et de l'ampleur de la note à payer. Cependant, le rapport Bady, sur « le Patrimoine et la décentralisation », remis au ministère de la Culture, conclut que la décentralisation n'est pas forcément la seule bonne réponse aux difficultés actuelles. Il propose bien de confier les opérations d'inventaire aux régions, mais préconise de garder sous la houlette de l'État le contrôle scientifique, de même que la protection des monuments et objets mobiliers. Ce rapport, pour certains, constitue un réel mépris et un manque de confiance envers les élus locaux.

Un autre pilier du débat : les enseignements artistiques. La nouvelle distribution des compétences pourrait mener à une architecture semblable à celle de l'Éducation nationale : la région, associée à l'État, serait responsable de l'enseignement supérieur, les pratiques amateurs étant confiées aux villes.

Se pose maintenant la grande question de « qui doit financer ». Il est très important de conserver le système de financement croisé, gage authentique de pluralisme. En revanche, « *une simplification des procédures est souhaitable pour les structures demandeuses de subventions, avec la création d'un dossier unique* »[1]. La question d'un système d'aide aux musées pour les acquisitions, transféré aux régions est à soulever. On a ainsi vu le Frac Alsace intéresser le conseil régional du Bas-Rhin au budget d'acquisition.

Nous pouvons ainsi avancer que l'avenir semble résider dans la présence de nouveaux partenaires, plus que dans un désengagement de l'État. C'est bien à une profonde redéfinition de son rôle et de ses missions que l'État doit se préparer. Cela ne sera pas chose aisée.

Une offre culturelle en pleine croissance pour l'éveil des jeunes

On assiste aujourd'hui à une multiplication des établissements à enseignement artistique, tels que les conservatoires municipaux et régionaux, les écoles destinées à la formation des futurs

1. Catherine Jacquat, présidente de la commission Culture au conseil régional de Lorraine.

professionnels de l'art, et ce, aussi bien dans la musique ou les arts plastiques que dans le théâtre et la photo.

En effet, en 2000, le ministère de la Culture et de la Communication, conjointement avec le ministère de l'Éducation nationale, ont élaboré un plan de cinq ans pour le développement de l'éducation artistique et culturelle à l'école. Ce plan fixe les grandes orientations pour une éducation aux arts et à la culture, allant de la maternelle à la terminale, et renforce les enseignements obligatoires et optionnels ainsi que les activités artistiques et culturelles facultatives. L'objectif principal de ce plan est d'étendre l'accès aux arts et à la culture à tous, en démarrant par les plus jeunes générations, futurs acteurs de la société de demain.

L'accent est donc mis sur les secteurs les plus éloignés géographiquement et socialement de la vie artistique : les zones rurales, les zones d'éducation prioritaire et les établissements d'enseignement professionnel. Il vise également à diversifier les domaines artistiques proposés aux élèves. Outre le chant choral, la musique, la diction de textes, le théâtre, la danse et les arts plastiques, qui constituent les passages obligatoires de toute initiation artistique, ce plan s'ouvre sur des domaines peu présents à l'école : le cinéma, les musiques actuelles, l'architecture, le patrimoine, la photographie, les arts du goût, ou encore les arts du quotidien et du design.

À noter

Parmi les principales mesures : la mise en place de 20 000 classes à projet artistique et culturel (les PAC) dans les écoles primaires ; l'enrichissement des bibliothèques des écoles ; la présence accrue d'artistes et de professionnels de la culture dans les classes...

Zoom sur les classes PAC : une ouverture des sens et un apprentissage du regard grâce à la pédagogie de l'art[1]

« *L'école, lieu du savoir et de sa transmission, doit également être l'espace où s'éveille en chaque élève le désir de l'art dès le plus jeune âge* », selon Jack Lang. Pour confirmer ces dires, 62 % des Français ont répondu « oui » à la question « doit-on selon vous enseigner l'art à partir de l'école primaire ? »

Par le passé, l'éducation artistique a trop souvent été négligée par rapport aux autres disciplines scolaires, car difficile à circonscrire. En effet, qu'est-ce qui s'enseigne dans l'art ? Son histoire, ses techniques, certes ; mais il ne se résume pas uniquement à cela. Ainsi choisit-on une démarche d'enseignement mais, aussi et surtout, d'éducation à travers l'art, et ceci avec pour objectif de transmettre des connaissances tout en suscitant une interrogation permanente, une ouverture des sens, de la sensibilité et de l'intelligence. Pour créer un lien entre les enfants et l'art, il faut leur permettre de sortir du milieu scolaire, de rencontrer des créateurs et de leur montrer qu'il existe des lieux consacrés à l'art.

Suite à cet éveil, il n'est pas rare que certains enfants, emballés par la visite d'une galerie ou d'un musée,

ex> priment le désir d'y entraîner leurs parents le dimanche. D'autres se rendent compte qu'ils peuvent appliquer le même cheminement intellectuel dans d'autres disciplines où ils sont parfois en difficulté. La question du message n'est pas essentielle pour les plus jeunes : ils « marchent » plus à la perception, à l'intuition. En effet, si l'on observe leurs comportements, même s'ils n'ont pas les concepts leur permettant d'émettre des jugements scénographiques, ils sont très efficaces dès lors qu'il s'agit de s'approprier un espace et tirer parti de leur liberté de mouvement, de l'aménagement de l'espace et des sollicitations sensorielles.

Mais intéressons-nous plus avant aux classes à projet artistique et culturel (classes PAC). Le maître ou le professeur prend appui sur les ressources artistiques et culturelles de proximité et peut faire appel au concours d'un artiste ou d'un professionnel de la culture. Concrètement, un projet de ce type peut s'appuyer sur la découverte d'un monument, il peut être bâti sur une période de l'histoire, sur un mouvement artistique, sur une pièce de théâtre, un poète, un projet urbain

---

1. Source : « Les Français et l'art », sondage institut BVA 2000, publié dans *Beaux-Arts Magazine*, janvier 2001.

ou cinématographique... L'objectif est qu'au cours de sa scolarité, chaque élève puisse participer à quatre classes à projet artistique et culturel, une fois en maternelle, une fois en primaire et deux fois dans le secondaire. Ces mesures doivent conduire tous les élèves, de la maternelle au lycée, à fréquenter les œuvres et les lieux de création, à rencontrer des artistes, à se familiariser avec les différents métiers des arts, à faire une expérience concrète de l'acte de création et à développer leur esprit critique.

On compte aujourd'hui 14 960 classes PAC dans le primaire, 6 267 dans le secondaire et 4 600 dans l'enseignement privé sous contrat. Ainsi, comme dit précédemment, les classes PAC mettent l'accent sur l'éveil artistique dans les musées et expositions. Nous pouvons citer pour exemple des ateliers d'initiation à la peinture et la poterie, au nombre de 1 082 organisés en 2001 au musée du Louvre, les quelque 4 000 m² dédiés aux activités pour enfants à la Cité des Sciences et de l'Industrie, des visites guidées au musée des Arts décoratifs avec possibilité d'y fêter

son anniversaire... Nous pouvons aussi citer la création de jouets ludiques et artistiques dans de nombreuses disciplines : poterie, peinture, moulage, dessin ; les livres et magazines exclusivement réservés aux enfants tels que *Le petit Léonard*, mensuel d'initiation à l'art pour les 7-13 ans, ou encore *Arkéo junior*, mensuel d'archéologie pour les 7-14 ans.

Et ce phénomène existe aussi à Genève, où un programme à peu près similaire aux PAC, intitulé « L'Art et les enfants », a été mis en place vers le milieu des années quatre-vingt-dix. Ce projet poursuit les objectifs suivants : emmener les élèves dans les lieux où l'art s'expose et leur permettre de rencontrer des artistes sur leur lieu de travail. Ces classes permettent ainsi chaque année aux élèves de partir à la découverte de la culture vivante et de la création artistique. Dans les musées, les galeries, les ateliers, les écoliers rencontrent des peintres, des sculpteurs, des céramistes, approchent d'autres civilisations... Ils apprennent ainsi à voir et à entendre les beautés du monde, à s'interroger et à créer à leur tour.

Aujourd'hui, les entreprises peuvent s'inscrire naturellement dans cette démarche de transmission, d'éveil artistique dans les musées et expos, et ce en mettant leurs produits et savoir-faire au service de la pédagogie pour tous.

Zoom sur l'exposition Mobi Découverte, les enfants designers

L'opération *Mobi Découverte* est le résultat d'une collaboration étroite entre le secteur professionnel, les Industries françaises de l'ameublement et les ministères de la Jeunesse, de l'Éducation nationale et de la Recherche, avec le Centre national de documentation pédagogique. Son ambition est de faire découvrir l'histoire et le processus de création et de fabrication de mobilier aux élèves du primaire, en formant leur regard critique sur les objets qui les entourent au quotidien.

Les enfants peuvent imaginer leur mobilier : nouvelles fonctions, nouvelles formes, nouvelles couleurs… Cette exposition, itinérante dans la France entière, est l'aboutissement d'un projet de grande ampleur, dont les prototypes, maquettes et dessins présentent le résultat du travail des élèves. Ces derniers ont donc été invités à envisager leur cadre de vie, accompagnés par leur enseignant, des designers professionnels et des industriels de l'ameublement, tous passionnés par le projet. Un point de vue innocent et spontané, riche d'enseignement pour les adultes. Cette expérience a d'ailleurs permis de constituer un kit pédagogique afin de guider les professeurs qui souhaiteraient se lancer dans l'aventure.

Les différents partenaires de *Mobi Découverte*, tels que par exemple l'entreprise Gautier à Nantes, doivent avoir une démarche cohérente entre l'exposition, leur activité et leur esprit. Gautier, pour illustrer ces dires, a pour vocation la conception, fabrication et commercialisation de meubles contemporains. Entreprise inscrite dans le développement durable, prônant une certaine éthique concernant le travail de ses salariés, de même qu'un réel respect pour la protection de l'environnement, Gautier sait être à l'écoute de ses clients, et donc des enfants, aujourd'hui prescripteurs.

En 1981, François Mitterrand appelait Starck, Wilmotte et Andrée Putman à décorer l'Élysée et, par la suite, d'autres palais nationaux. Il semblait alors essentiel au Président de la République que les créateurs reçoivent une reconnaissance de la part de l'État. Mais derrière les créateurs, il existe des entreprises et des industriels qui participent à inscrire cette forme de création dans la vie quotidienne. Ce sont ces mêmes entreprises, qui, associées à *Mobi-Découverte*, visent à affirmer leur volonté de mettre en œuvre des démarches pédagogiques où l'enfant devient acteur de sa propre pratique. De même, elles apportent aux enfants des écoles une ouverture aux multiples formes de création en matière de design mobilier et d'habitat. Car, après tout, ces objets de la vie quotidienne portent en eux-mêmes des valeurs culturelles et artistiques, de même qu'un certain investissement créatif.

La circulation en France de l'exposition *Mobi Découverte*, débutée en mars 2002 à Paris, a d'ores et déjà remporté l'adhésion d'un grand nombre de visiteurs : 6 000 élèves et près de 300 classes, 10 000 visiteurs à Paris, galerie VIA, puis plus de

15 000 à Honfleur, près de 30 000 à Roubaix, et des visiteurs internationaux durant la Biennale du design de Saint-Étienne. En janvier 2003, *Mobi Découverte* choisissait le Salon du meuble de Paris pour présenter cinq nouveaux prototypes : les enfants ont ainsi imaginé Zébulon, chenille de 1,50 mètre de longueur qui cache un lit dans son tiroir ; Banana relax, super relax en forme de banane, et Citrouille, commode à tiroirs de 1,50 mètre de haut.

Quelques chiffres sur la formation artistique

Arts plastiques. Il existe 3 écoles nationales supérieures (1 468 élèves), 6 écoles nationales d'art (1 009 élèves) et 45 écoles territoriales d'art (8 070 élèves).

Musique. On compte 2 conservatoires nationaux (Paris et Lyon), 34 conservatoires nationaux de région (49 229 élèves, dont 91 % en musique et 9 % en danse), 103 écoles nationales de musique et de danse (88 611 élèves) et 250 écoles de musique et de danse agréées (136 000 élèves).

Art dramatique. Nous pouvons citer le Conservatoire national supérieur d'art dramatique (99 élèves), l'école du Théâtre national de Strasbourg, l'École supérieure nationale des arts et techniques du théâtre et bien sûr les cours d'art dramatique des conservatoires et écoles nationales de musique (1 806 élèves).

Audiovisuel. Seules deux écoles principales sont dénombrées : l'École nationale supérieure des métiers de l'image et du son et l'École supérieure nationale Louis Lumière.

Patrimoine : Nous pouvons citer à titre d'exemple l'École du Louvre (1 489 élèves), ou encore l'École du Patrimoine.

Architecture. Il existe 22 écoles d'architecture sous tutelle du ministère de la Culture, qui comptent 16 023 élèves.

	Unités
Total	440 000
Professions de l'audiovisuel et du spectacle vivant	117 000
Professions des arts plastiques et des métiers d'art	125 000
Professions littéraires	72 000
Cadres/techniciens de la documentation et de conservation	52 000
Professeurs d'arts	35 000
Architectes	39 000

Population active ayant un emploi dans les professions culturelles en mars 2001

Des lieux de création artistique qui « poussent » et des musées en plein développement

En 1981, le président de la République, François Mitterrand, décida d'engager un ensemble de chantiers à caractère culturel que l'usage allait consacrer sous l'appellation de « grands travaux ». Ces projets concernaient tous les domaines de la culture, de la musique à la lecture en passant par les arts plastiques ou le savoir scientifique et technique, situés en Île-de-France et en région. Ils allaient offrir aux meilleurs architectes de notre temps une occasion unique d'exprimer leur talent.

Ces grands travaux, dont certains, comme la rénovation du Louvre, se seront étendus sur une vingtaine d'années, répondaient aux besoins de doter la France des grandes institutions culturelles qui lui faisaient alors défaut. Il s'agissait enfin, pour chaque projet, de répondre à une volonté de démocratisation en rendant largement accessible à tous les Français l'ensemble du patrimoine artistique, en leur offrant aussi toutes les possibilités d'accompagner les évolutions de la création contemporaine. En voici quelques exemples.

▪ Les salles de spectacle

Nous commencerons par la création ou rénovation de nombreuses salles de théâtre ou de concert, comme par exemple le Zénith de Nancy. Le programme national de salles telles que le Zénith, lancé par le ministère en 1982, a permis à Nancy de s'équiper d'une nouvelle structure d'accueil pour les grands événements culturels. Célébrant le mariage du béton et de l'acier, le Zénith de Nancy est un amphithéâtre de 25 000 places, véritable prouesse en matière d'aménagement du territoire, grâce à son architecte, Denis Sloan. Il a ouvert ses portes en mars 1993. Cette salle de grande capacité est devenue une référence en matière de spectacle au niveau régional.

▓ Les musées

Les musées, quant à eux, sont au nombre de 1 084, classés et contrôlés, dont 789 musées municipaux. Parmi les grands travaux réalisés, nous pouvons citer le musée du Louvre, dont la restauration a pris une vingtaine d'années, l'ouverture du musée d'Orsay, de la Cité des Sciences et de l'Industrie, de la Cité de la Musique... En outre, en vue de favoriser leur accès, l'entrée est gratuite.

- **Le musée du Louvre.** Il convient de rappeler que c'est en 1981 que François Mitterrand a voulu que l'ensemble des bâtiments du Louvre, dont ceux occupés alors par le ministère des Finances, soient consacrés à la présentation des collections nationales. Ce grand projet a ainsi permis au public de découvrir dans les meilleures conditions un extraordinaire patrimoine artistique. Devenu établissement public en décembre 1992, le musée du Louvre conserve, protège et restaure, pour le compte de l'État, les œuvres qui font partie des collections inscrites sur son inventaire.

Le « Grand Louvre », quant à lui placé sous la tutelle du ministre chargé de la Culture en 1983, est un véritable ensemble culturel original à caractère muséologique. Il propose au public des conférences, des productions audiovisuelles et interactives et de nombreuses publications imprimées disponibles dans les salles ou à la librairie qui se trouve sous la pyramide. La totalité des programmes du projet Grand Louvre est en voie d'achèvement. Cette dernière phase concerne, d'une part, la fin des réaménagements muséographiques et du redéploiement des collections du musée, d'autre part, la poursuite des équipements administratifs, scientifiques et pédagogiques, réorganisés et regroupés sur le site du Louvre.

L'aménagement des salles est le suivant : achèvement du circuit de peintures italiennes et espagnoles (XVIIIe), du circuit de peintures des écoles du Nord, du circuit de la Méditerranée orientale au début de l'ère chrétienne, et du circuit des objets d'art. Il faut de plus signaler le réaménagement complet du département des Arts graphiques, de la deuxième entrée du musée du Louvre, porte des Lions (quai des Tuileries), de l'École du Louvre et des ateliers de restauration des musées de France. Cette dernière tranche de travaux intéresse aussi les autres musées du domaine du Louvre et des Tuileries : le musée des Arts Décoratifs, en cours de réaménagement et le musée de l'Orangerie dont la rénovation est à l'étude. Elle concerne également l'aménagement de l'antenne du futur musée de l'Homme, des Arts et des Civilisations dans le pavillon des États. Elle verra enfin l'achèvement de la restauration du palais, et le rétablissement d'une liaison piétonne entre la rive gauche et le jardin des Tuileries (passerelle Solférino).

- **L'ensemble des musées.** Le renouveau parisien a stimulé l'ensemble des musées : entre 1982 et 1995, quelque 120 musées ont été créés, souvent par de grands architectes. Norman Foster a signé le Carré d'art (art contemporain) à Nîmes et Renzo Piano le musée d'Art contemporain de Lyon. Dans la même ville, Jean-Michel Wilmotte et Philippe Dubois se sont attelés à la rénovation du musée des Beaux-Arts. La circulation croissante des pièces appartenant aux collections nationales permet même aux musées plus modestes de monter des événements d'envergure. Lodève, petite commune de 7 000 âmes, a été sinistrée par la crise économique (elle compte 25 % de chômeurs). Depuis quelques années, elle renoue avec une réputation positive grâce à l'exposition qu'elle propose chaque été au musée Fleury. Une des dernières présentait 80 toiles des peintres vénitiens du XVe au XVIIIe siècle. Parallèlement, les musées consacrés exclusivement à l'art contemporain se multiplient.

- **La Cité de la Musique.** Établissement à caractère industriel et commercial, elle est installée sur le site de La Villette dans un ensemble monumental de 53 000 m², qui comprend notamment une salle de concert, un amphithéâtre, un musée, les locaux de l'Ensemble intercontemporain et de nombreux espaces d'accueil et de documentation. Ouverte au public depuis janvier 1995, elle lui propose une nouvelle façon d'approcher et de vivre la musique. Le centre d'information offre à tous la plus large banque de données existant sur la musique. S'y ajoutent les fonds documentaires du centre de recherche et de documentation, et de la médiathèque pédagogique. Investie d'une mission pédagogique, la Cité de la Musique apporte un complément à l'enseignement dispensé dans les écoles et les conservatoires, à travers des outils documentaires et des programmes de pratique musicale de niveaux différents, et ce de façon très ludique.

Des ateliers de création réservés aux jeunes des classes culturelles en provenance des régions, ainsi que des résidences d'enfants, y sont ainsi accueillis. Enfin, le musée de la Musique, où les instruments doivent être vus et entendus, complète ce dispositif exceptionnel, avec des collections instrumentales et iconographiques allant de la Renaissance à nos jours, un laboratoire d'organologie et un amphithéâtre accueillant une programmation liée aux expositions.

Les manifestations culturelles et artistiques

Ces dernières années ont vu naître de « grandes fêtes », manifestations culturelles et artistiques, telles que la fête de la Musique, ou les journées du Patrimoine (qui ont accueilli en 2000 plus de 11,5 millions de visiteurs dans leurs 14 186 sites et monuments).

- **La fête de la Musique.** Elle est née en octobre 1981, à la demande de Jack Lang. Maurice Fleuret devient directeur de la Musique et de la Danse et travaille sur le concept de « la musique partout et le concert nulle part ». Puis il découvre un an plus tard, à l'occasion d'une étude sur les pratiques culturelles des Français, que 5 millions de personnes, dont un jeune sur deux, jouent d'un instrument de musique. Et c'est ainsi, en quelques semaines, que la fête de la Musique est lancée, le 21 juin 1982, jour du solstice d'été, nuit païenne se référant à l'ancienne tradition des fêtes de la Saint-Jean.

Cette mobilisation des musiciens professionnels et amateurs, cette attention nouvelle portée à tous les genres musicaux devenaient ainsi, à travers la réussite immédiate d'une manifestation populaire et largement spontanée, la traduction d'une politique qui entendait accorder leur place aux pratiques amateur ainsi qu'au rock, au jazz, à la chanson et aux musiques traditionnelles, aux côtés des musiques dites sérieuses ou savantes. La gratuité des concerts, le soutien de la Sacem, le relais des médias, l'appui des collectivités territoriales et l'adhésion de plus en plus large de la population en ont fait, en quelques années, une des grandes manifestations culturelles françaises. La fête entre aussi dans les prisons, les hôpitaux, les écoles, et établit des liens et des échanges entre la ville et la banlieue. La fête de la Musique favorise ainsi la démocratisation de l'accès aux pratiques artistiques et culturelles.

À signaler que sa réussite dépend énormément des nombreux réseaux qui se créent. Ils peuvent être institutionnels, comme les théâtres lyriques, les orchestres nationaux et régionaux, les ensembles de musique de chambre, les conservatoires, les écoles de musique… ; professionnels comme les scènes de musiques actuelles (SMAC) et les cafés musique ou les antennes du Printemps de Bourges. À cette occasion, les grandes fédérations amateurs se mobilisent de même que les équipements sociaux et culturels et les associations locales.

- **Nuit Blanche.** La 1re édition a eu lieu en avril 2002. Véritable parcours artistique nocturne qui permet aux Parisiens de redécouvrir gratuitement leur ville à travers des lieux prestigieux, insolites ou inhabituels, cette nuit est aussi l'occasion de découvrir des artistes plutôt précurseurs.

C'est pour réveiller la capitale, qu'elle considère comme « un peu endormie », que la mairie de Paris a organisé un parcours original et entièrement gratuit en 30 « événements » artistiques, pour le plaisir de la déambulation entre 19 h 30 et 6 h 00 du matin. Il s'agit pour l'équipe de Bertrand Delanoë, ordonnatrice de cet événement sans précédent à l'échelle d'une capitale, de transformer ce moment « individuel », « voire intime », qu'est une nuit sans sommeil, en « expérience collective ».

Cette nuit se caractérise notamment par des lieux insolites, tels que les anciennes pompes funèbres du 104 rue d'Aubervilliers, le funiculaire de Montmartre sonorisé, le siège du PCF transformé en galerie d'art pour dévoiler une collection quasi inédite de 90 toiles des années soixante-dix, « visite de chantier » de la Gaîté Lyrique, libre accès aux salons de l'Hôtel de Ville…

- **Les grands festivals**, tels que le Printemps de Bourges, le festival d'Aix-en-Provence, d'Avignon avec 1 500 spectacles présentés, soutenus par les collectivités locales et des entreprises privées, 800 000 spectateurs accueillis d'avril à novembre et 17 000 interprètes engagés dont 61 % d'artistes français[1].

- **Le Printemps des Musées** (1er dimanche du mois d'avril). L'édition 2002 fut notamment un franc succès, confirmé en 2003 avec un million de visiteurs sur un week-end. Ainsi, pour sa 4e édition, 1 200 musées s'étaient ralliés à l'initiative de la direction des Musées de France : 800 en France et plus de 400 dans 28 autres pays européens. Placé sous le haut patronage du Conseil de l'Europe, le Printemps des Musées s'inscrit lui aussi dans le cadre d'une politique visant à élargir l'accès à la culture et à ouvrir les musées à de nouveaux publics.

---

1. Source : France Festivals.

La gratuité a en effet un véritable impact sur le public dit de proximité. C'est ainsi que les chiffres recueillis ce jour par la direction des Musées de France (DMF) laissent apparaître une affluence exceptionnelle, de 3 à 10 fois supérieure le plus souvent à celle d'un dimanche habituel de printemps, avec des pointes de fréquentation tout à fait exceptionnelles dans certains établissements (jusqu'à 50 fois la fréquentation normale). Dans beaucoup de musées de région et dans certains grands musées parisiens, l'affluence a été nettement supérieure à celle du dimanche de gratuité mensuel dont la formule tend à se répandre depuis la mesure instaurée au début de l'année 2000 par le ministère de la Culture et de la Communication dans les 33 musées nationaux relevant de la direction des Musées de France, ainsi qu'au Musée national d'Art moderne et au Centre Georges Pompidou.

Si la fréquentation a pu, selon les établissements, évoluer à la hausse ou à la baisse par rapport à la précédente édition du Printemps des Musées (1er avril 2001), en revanche tous les relevés concordent pour montrer qu'elle a été particulièrement forte dans les nombreux musées (environ 430 en France) qui, tout en offrant la gratuité d'accès, organisaient des animations spécifiques sur le thème des « Cinq Sens » choisi cette année.

Certains de ces établissements ont même enregistré de véritables records d'affluence : ainsi, le musée Fabre à Montpellier, qui, sur le thème des cinq sens, montrait un ensemble d'œuvres de Claudio Parmiggiani provenant de collections publiques et privées italiennes et mis en relation avec des œuvres de la collection permanente, a accueilli plus de 3 000 visiteurs soit 25 fois sa fréquentation habituelle. Quant au musée d'Orsay, il a reçu 14 300 visiteurs, contre 10 000 en moyenne les dimanches de gratuité.

Au total, la fréquentation des musées participants peut être évaluée à plus de 1 million de visiteurs, essentiellement de proximité, performance remarquable pour une institution accessible toute l'année et dont la fréquentation annuelle, largement touristique dans les principaux établissements, s'élève à quelque 55 millions d'entrées.

Un art qui se fond de plus en plus dans notre environnement

L'art modifie le paysage de la ville

Dès la fin des années soixante-dix, l'art sort des musées et des galeries pour s'intégrer à la vie publique. Fini l'hermétisme réservé à une élite. L'action publique en est l'initiatrice. En effet, une importante politique de commande publique a été mise en place à cette époque, de la part de l'État mais aussi des municipalités. La commande publique offre une sécurité et une assurance pour les artistes dont les œuvres (sculpture, tapisserie ou vitrail) sont quelque peu désavantagées sur le marché de l'art.

- À titre d'illustration, nous pouvons citer J.-C. Decaux, qui, pour son « mobilier urbain », a fait intervenir 52 designers internationaux dont Philippe Starck, Philip Cox ou Jean-Michel Wilmotte.

- De même, certains artistes interviennent dans la ville par la création de grandes fresques murales, parfois éphémères.

C'est le cas d'Ernest Pignon-Ernest qui a par exemple décoré le mur du théâtre du Châtelet en 2001. Cette fresque murale est un travail de collage d'images. L'artiste a ici rendu hommage à l'écrivain Robert Desnos. Cette intervention, associant la mémoire de Robert Desnos à celle du poète romantique Gérard de Nerval, a pris place derrière le théâtre du Châtelet, près du lieu où Gérard de Nerval s'était pendu en 1855 à l'âge de 47 ans.

Noël Pasquier, pour sa part, est l'auteur d'une grande fresque de 4 000 m² dans la rue couverte à Suresnes en 2000. Pour lui, il n'y a pas que l'art qui descend dans la rue, il applique ce principe à lui-même : « Peindre dans sa tour d'ivoire est inconcevable pour moi. Par exemple, j'ai réalisé, avec des jeunes de Bagneux, des fresques monumentales sur les cheminées d'un supermarché. Ahmed, Fatima et les autres n'ont pas été de simples exécutants et il y a eu tout un travail de préparation à la création artistique. »

- Le 17 mai 2003, l'exposition *Train Capitale* est inaugurée. Cette « exposition promenade » remonte le temps et raconte l'histoire de la Sncf et du transport ferroviaire français depuis plus de 150 ans. Pour l'occasion, les plus belles pièces ferroviaires de collection du musée de Mulhouse sont sorties, ainsi que des matériels modernes tels que l'Autorail à grande capacité, le Tram-Train, le Zter… Simultanément, 24 vitrines sont dédiées à l'avenir du transport ferroviaire, ainsi que des rendez-vous dans l'espace forum pour participer à des conférences ou dans l'espace animations pour découvrir les réseaux de modélistes ferroviaires.

Véritable pari audacieux, c'est un regard sur le passé, une vitrine de la modernité, la nostalgie du bois et du cuivre, l'admiration de la technologie du XXIe siècle, le cinéma, les polars, l'histoire de chacun, la vie collective, l'angoisse du départ, le bonheur des retrouvailles, Paris, l'Europe, les régions. Le Train Capitale est une machine à tisser des liens entre les hommes. De la Concorde au Rond-Point des Champs-Élysées, le Train Capitale a offert à des millions de visiteurs le formidable spectacle du train.

Zoom sur les Colonnes de Buren : une commande publique fort critiquée

Les *Colonnes* de Daniel Buren sont une commande publique pour les jardins du Palais Royal. Rarement un artiste contemporain a engendré tant de controverses.

Explications : Daniel Buren oriente dès les années soixante son travail vers une économie des moyens artistiques. La neutralisation du contenu illusionniste de la peinture et l'indifférence de la narration sont au cœur de sa démarche, de son désir d'objectivité. En 1965, inspiré par une toile de store rayée, il met au point son vocabulaire artistique : des bandes verticales alternées blanches et colorées, de 8,7 cm de largeur. Buren s'affranchit du cadre imposé au tableau.

Ce glissement de la peinture au papier peint et à l'affiche lui permet d'intervenir en n'importe quel lieu. Il met donc au point le concept du « travail in situ », c'est-à-dire d'une intervention artistique intrinsèquement liée au lieu dans laquelle elle se trouve.

En 1986 lui sont ainsi commandés par l'État français, pour la cour d'honneur du Palais-Royal à Paris, *Les Deux Plateaux*, aussi appelés « les colonnes de Buren ». La polémique nationale engendrée par ces colonnes et l'obtention du Lion d'Or à la biennale de Venise, la même année, établissent sa notoriété. Les réactions écrites du public sur ces panneaux sont complétées par une bande son qui diffuse des extraits de discussions engendrées par la controverse : « *Bravo Buren, fais valser les rondeurs ! Faites attention que ce ne soit pas lui que l'on fasse valser !* », « *On paye des impôts pour ce truc immonde !* », « *Merci Jack Lang !* »…

Pourtant, avec *Les Deux Plateaux*, il ne s'agit pas d'une simple confrontation mais plutôt d'une réalisation à vocation didactique qui, par le biais de l'ironie, tente de montrer au public qu'il s'agit, en dehors de toute pensée nihiliste vis-à-vis de la richesse patrimoniale, de considérer l'art de son temps au-delà de comparaisons simplistes, surannées et stériles qui freinent la réalisation d'une architecture contemporaine pour le meilleur épanouissement du milieu urbain. Ces colonnes ont donc pour leur auteur une réelle vocation pédagogique.

Les deux plateaux ne peuvent être parcourus que visuellement : l'un, oblique, met en valeur le sous-sol par le fait d'une diagonale en pente plus accentuée ; l'autre, horizontal, révèle le sol et se crée par l'alignement visuel des hauts de troncs de colonnes dont la hauteur de référence correspond à celle des socles des colonnes des galeries du Palais-

Royal. Par cet alignement de colonnes tronquées, constituées de rayures verticales noires et blanches alternées (agglomérat de marbre blanc de Carrare et de ciment incrustés de marbre noir des Pyrénées), dont l'ordre mathématique se calque sur la construction classique, Buren montre ainsi l'incontestable ancrage du système contemporain à celui du système préexistant.

L'art anime les lieux publics et les transports

▒ Le métro

Nous pouvons ici citer l'exemple du métro parisien qui anime des événements en présence de sculpteurs, peintres, musiciens, et qui crée des stations thématiques, comme Arts-et-Métiers qui s'inspire de l'univers de Jules Verne.

Dans le cadre de sa politique d'aménagements culturels et 100 ans après Hector Guimard, la Ratp a confié au jeune artiste Jean-Michel Othoniel la conception d'une bouche de métro à la station Palais-Royal-Musée-du-Louvre. Cet accès, situé face au théâtre de la Comédie française, a les honneurs d'un « kiosque » d'un type nouveau, conçu grâce à l'association de plusieurs artisans sous la direction de Jean-Michel Othoniel. Le Kiosque des noctambules s'inscrit dans un projet de réaménagement des cheminements sur cette place, porté par la ville de Paris et la mairie du 1er arrondissement. Près de 800 perles de verre (de 12 à 18 cm de diamètre) ornent l'œuvre. Elles ont été développées au Cirva (Centre international de recherche sur le verre et les arts plastiques) à Marseille, puis produites chez Salviati, entreprise de souffleurs de verre à Murano en Italie. La structure du kiosque, en fonte d'aluminium a été réalisée chez un fondeur d'art français. Le Kiosque des noctambules, sculpture contemporaine inspirée des « folies » baroques, est à la fois une œuvre d'art du métro dans la ville et un mobilier urbain à part entière.

De plus, toujours à l'occasion de ses 100 ans, le métro met en avant son patrimoine culturel. Le nombre de personnes transportées chaque jour en son sein fait du métro le parfait reflet d'une culture riche et bigarrée, basée sur une multitude de particularités. Ce patrimoine ainsi commun à tout un chacun prend une dimension humaine dans le métro.

Par exemple, à la station Tuileries, tous les curseurs ont été réglés sur l'année 1900. Cette station, à l'origine réalisée par excavation, a été carrossée en 1960 et retrouve désormais son architecture d'origine en faisant réapparaître ses murs droits portant les poutres métalliques sur lesquelles repose la rue de Rivoli. Sur les quais, l'histoire se déroule, sous les yeux des spectateurs, au fil d'une fresque s'étendant sur onze décennies, qui associe l'histoire de la Ratp au patrimoine de la mémoire collective. De plus, les espaces publicitaires sont décollés des murs et disposés à la façon des toiles d'une galerie de peinture.

Le métro devient ici un lieu stimulant, attrayant et original, au-delà de sa fonction première de mode de déplacement.

■ Les lieux publics

Nous pouvons aussi citer Christo et Jeanne-Claude qui ont empaqueté le Pont-Neuf ou encore les *Champs de la sculpture,* avenue des Champs-Élysées (1999), et enfin les sculptures d'Ousmane Sow au pont des Arts (1999). En effet, joignant l'Institut de France au Louvre, la passerelle des Arts s'est faite lieu d'exposition en plein air pour certaines des œuvres du sculpteur sénégalais Ousmane Sow. Pour le spectateur, passer d'une rive à l'autre de la Seine au milieu de ces œuvres mises en scène (vie quotidienne ou scènes de la bataille de Little Big Horn) devient un parcours initiatique qui exacerbe les émotions. L'installation d'une exposition de sculptures en plein air implique un nombre important de contraintes, telles que la configuration même du pont des Arts, son étroitesse, et la concurrence qu'offrent les bords de la Seine aux œuvres exposées. Pour découvrir les 68 sculptures monumentales d'Ousmane Sow, 5 000 spectateurs se sont pressés à l'inauguration, et ils étaient plusieurs dizaines de milliers de visiteurs chaque jour selon les estimations des membres du service de sécurité. C'est ainsi qu'avec cette exposition accessible jour et nuit, assortie d'une critique unanime et élogieuse, le pont des Arts était devenu en quelques jours le dernier endroit à la mode. Un succès incontestable pour le sculpteur sénégalais, inconnu du grand public peu de temps avant cette rétrospective.

Zoom sur la Ratp : la culture style métro

Art, poésie, musique, bande dessinée : dans le métro, les animations culturelles se succèdent au rythme des trains qui passent. La foule, le stress et les bousculades dans les rames... prendre le métro ne se résume pourtant pas à cela. En effet, au détour d'un couloir souterrain, quelques voyageurs, hypnotisés, écoutent la musique avant de retourner se fondre dans la foule compacte des heures de pointe. Cela résume parfaitement la politique de la Ratp : ponctuer de surprises le parcours de sa clientèle et égayer son train-train quotidien de « métro, boulot, dodo ». Depuis 1997, pour avoir le privilège de chanter dans le métro l'esprit serein, il faut passer par la *Star Academy* de la Régie. Car l'afflux croissant des musiciens a conduit l'entreprise à créer l'Espace Métro Accords. Le directeur artistique de cette structure d'accueil, Antoine Naso, organise deux fois par an des castings, où le côté artistique prime, cette accréditation représentant en quelque sorte le label de la Ratp. Ainsi, sur 1 000 candidats, seuls 350 décrochent une autorisation pour se produire dans le métro pendant 6 mois. Par exemple, métro Saint-Lazare, installé dans un coin, Chérif Mbaw chante son Sénégal natal entre deux concerts, pour tester de nouveaux morceaux. « *Si tu réussis à capter l'attention des gens, toujours pressés, tu sais que tu peux jouer partout.* » Malheureusement, il n'est pas facile de vivre de son art. Pourtant, Antoine Naso fait face à un nombre croissant de demandes de certains spectateurs, emballés par un show improvisé souterrain, et qui sollicitent la pré-

39

sence de l'artiste à une soirée privée. Ainsi, le directeur artistique de l'Espace Métro Accords s'improvise impresario, aide les artistes à négocier leurs cachets et conseille les entreprises qui recherchent un profil bien particulier : « *S'il leur est difficile de gagner leur vie dans le métro, il leur est possible de la gagner grâce à lui.* »

C'est en effet en 1994, sous l'impulsion de Jean-Paul Bailly, Pdg de l'époque, que la Ratp instaure une politique culturelle d'envergure, et se transforme même en organisateur de spectacles en offrant, en mars 2003, un concert privé du groupe de rock Placebo. L'entreprise a bien saisi que pour donner une dimension plus humaine au métro, de même que pour fidéliser sa clientèle, elle doit faire vibrer le voyageur, susciter une émotion chez lui. Et cela est possible en introduisant l'art dans les stations. Une campagne *Un ticket pour le Louvre* a d'ailleurs été mise en place en 2000 à l'occasion du centenaire du métro, et se poursuit d'ailleurs aujourd'hui encore avec succès. À

l'affiche dernièrement, le thème de l'enfance : pendant un mois entier, des reproductions de peintures d'Adriaen Van Ostade (XVIIe), d'Élizabeth-Louise Vigée-Lebrun (XVIIIe), et de sculptures de Denis-Antoine Chaudet (XIXe)..., toutes issues du musée du Louvre, tapissent les murs des stations. Et à côté de chaque œuvre, les commentaires de célébrités (Marlène Jobert, le professeur René Fryman, ou encore Zep, l'auteur de Titeuf). Il s'agit ici pour la Ratp de sensibiliser le public à la culture.

Rappelons enfin la fameuse opération *Des rimes et des rames* qui affiche depuis plus de 10 ans des extraits de poèmes piochés dans le patrimoine international selon les thèmes choisis (« Satire et épigramme », « Imaginaire lointain »...). C'est d'ailleurs ainsi qu'est né en 1997 le premier concours de poésie. Car, pour la Ratp, « *il est important de faire descendre les événements dans le métro, pour éviter toute rupture entre le dessus et le dessous* » (Jean-Michel Leblanc, responsable de la programmation culturelle).

L'art de la rue, un courant qui se développe

Depuis près de trente ans, les murs et les trottoirs des villes sont les témoins de nouvelles interventions artistiques variées, aussi bien spontanées qu'institutionnelles. Spectacles de cirque, de théâtre ou de mime, fresques murales ou tags, musique classique ou danseurs de hip-hop font désormais partie de notre quotidien urbain. Cependant ces interventions ne sont pas inédites, nous ne faisons qu'assister à un renouveau des arts de la rue. En effet, les théâtres ambulants ou les portraitistes existent depuis de longues décennies. Mais quel est donc leur statut au sein de la cité ?

Au cours d'une étude sur les arts de rue réalisée en 2000, on a recensé près de 4 000 personnes travaillant à plein temps dans des « compagnies de rue ». Ces dernières dégagent d'ailleurs un chiffre d'affaires de plus de 53 millions d'euros. Elles se répartissent selon quatre différents types d'activités : le théâtre et la danse (47 %), les arts du cirque (27 %), la musique (18 %) et les arts plastiques (7 %).

À noter

> Une des caractéristiques dominantes des arts de rue est de brouiller les frontières traditionnelles entre les différents modes d'expression artistique, puisqu'ils puisent aussi bien leur inspiration dans le théâtre classique que dans le cirque, dans les graffitis hip-hop et la BD que dans la peinture moderne.

Certains chercheurs situent l'origine de ce renouveau des arts de rue dans la suite des événements de Mai 68, avec un développement important en 1981, date du retour de la gauche au pouvoir et de sa politique publique en faveur de la culture. En soulignant les origines de ce renouveau, nous introduisons un élément décisif : la tension inéluctable entre leur dimension plus ou moins subversive et leur financement très souvent public. De plus, avec le recul que nous pouvons aujourd'hui avoir depuis leur renouveau, force est de constater que les arts de rue, pratiqués à leur origine comme des arts socialement subversifs, sont ensuite souvent intégrés à des politiques nationales, régionales ou municipales d'animation culturelle. Comme le souligne le sociologue Henri Pierre Jeudy, il est possible de voir dans cette institutionnalisation progressive une « métamorphose de la violence sociale en esthétique » à d'évidentes fins de pacification sociale et d'intégration.

La présence des arts de rue est le symbole de la dimension désormais plurielle des sociétés occidentales qui hiérarchisent de moins en moins les productions artistiques en fonction de critères arbitrairement définis, politiques ou religieux, mais les juxtaposent plutôt en fonction de la diversité des besoins, désirs ou attentes de leurs citoyens et de leurs élus. Ainsi, le succès des arts de rue leur assigne une place instable entre action culturelle concertée et expression spontanée de multiples dissidences culturelles et sociales.

Zoom sur l'art graffiti

Le graffiti hip-hop a fait son apparition sur les murs de Paris depuis plus de quinze ans. Pourtant, malgré l'intérêt qu'on lui a porté, notamment dans les années quatre-vingt, il reste toujours incompris et décrié. De ce mouvement, c'est le tag qui est le plus au centre de la polémique. Le mouvement graffiti est né il y a plus de 30 ans à New York et Philadelphie. D'abord simple marquage de territoire pour les gangs, le graffiti gagne très rapidement de nombreux adeptes et évolue vite vers une totale abolition de la notion de territoire, pour se pratiquer partout où cela peut être vu, et donc bien évidemment dans le métro, endroit idéal pour véhiculer un tag d'un bout à l'autre de la ville. C'est ainsi dans le métro que les taggers new-yorkais ont développé leur talent et inventé la plupart des styles et techniques aujourd'hui utilisés dans le graffiti.

Dans les années soixante-dix, ils ont joui d'une grande liberté, la répression anti-graffiti étant très peu organisée à l'époque. Cette répression, aussi bien physique que judiciaire, ne s'est exprimée que vers 1980, poussant alors les graffeurs à délaisser le métro pour chercher de nouvelles surfaces d'expression. C'est la période des *Hall of fame* et le développement d'un phénomène jusqu'alors marginal : « le graffiti légal ». Si la philosophie du graffiti puise son essence dans l'anarchie et la liberté, l'apparition d'un versant légal n'a cependant freiné en rien l'activité illégale, sur le métro comme ailleurs. C'est aussi à cette époque que sont parus un livre et un documentaire *Subway Art* et *Style Wars*, dont l'influence fut très importante et permit l'exportation de la culture graffiti, en Europe notamment.

Pour se distinguer entre eux, s'offrent aux graffeurs deux possibilités : l'originalité et la quantité de graffitis visibles. Le graffiti illégal, dans l'obscurité et l'urgence, ne permet pas de laisser libre cours à leur créativité. Le graffiti légal, quant à lui, est important pour l'évolution du mouvement, et les graffeurs peuvent ainsi travailler avec beaucoup plus de finesse leurs lettrages, personnages et décors sur les murs autorisés. À noter enfin que le graffiti est encore souvent perçu comme la manifestation d'une crise d'adolescence, une sorte de rébellion contre les codes et le système. Pourtant, si l'on ne peut que constater le caractère marginal et revendicatif de ce mouvement, le graffiti est bien loin d'être le seul apanage d'ados en mal de vivre. En effet, depuis sa naissance, le graffiti trouve sa substance dans la notion même de groupe, car « l'union fait la force ». Les groupes se constituent donc par la mise en commun d'intérêts et de compétences, le but étant de garantir une certaine notoriété à ses membres. Pour finir, rappelons juste que c'est un art gratuit, éphémère et qui appartient à tous.

Le patrimoine industriel, un vrai lieu de réflexion sur le devoir de mémoire et la transmission des savoir-faire

Pour notre société, prendre en compte notre patrimoine industriel est un phénomène récent : une quarantaine d'années en Grande-Bretagne, une vingtaine d'années en France. Sous le générique de patrimoine industriel, nous entendons ici les vestiges matériels encore conservés de l'activité de production, ce qui se voit sur le terrain comme des manufactures ou usines, qui peuvent être entières ou en ruines, ou ne subsister qu'à l'état de fragments.

Dans un sens plus large, le patrimoine industriel comprend également le potentiel archéologique, l'écrit et le figuré, c'est-à-dire les archives (d'entreprise, notamment), mais aussi le souvenir dans la mémoire collective. Le patrimoine industriel, c'est bien sûr aussi les demeures de ceux qui vivaient de l'industrie : patrons, cadres, ouvriers… L'industrie généra ainsi des habitats isolés ou groupés, en milieu rural ou urbain, une véritable urbanisation, plus ou moins importante selon le potentiel humain mobilisé. L'urbanisation implique évidemment une organisation, dans la voirie, les infrastructures, mais aussi les espaces verts. Parcs et jardins sont dans bien des cas des créations de la civilisation industrielle. Enfin, il y a lieu de signaler tous les équipements sociaux issus de l'initiative patronale : écoles, lieux de culte, théâtres et lieux de rencontres, réfectoires, bains, lavoirs, fermes, bowlings, etc.

Cependant, le constat aujourd'hui est affligeant : ces vestiges disparaissent chaque jour à une vitesse inquiétante. Il est de notre devoir de conserver des témoins de ce fait majeur de notre civilisation, de réveiller les mémoires. On pourrait se lancer ici dans la longue litanie des édifices disparus : la plus grande partie des châteaux ont été gommés du paysage, bien des édifices culturels aussi. La plupart des murs d'enceinte, et des portes, des cités médiévales ont subi le même sort.

Pourtant, depuis les grandes étapes de la désindustrialisation, on assiste à l'apparition d'un intérêt nouveau pour le patrimoine de l'industrie. La globalisation économique, l'accélération technologique, le développement de l'archéologie industrielle, la prise de conscience de l'importance de l'environnement semblent susciter de nouvelles approches vers ce patrimoine particulier. Suite à une prise de conscience des valeurs techniques, culturelles et sociales que ce patrimoine recèle, son intégration dans les contextes urbains et sociaux contemporains est devenue un des enjeux majeurs pour l'aménagement et l'identité des villes. Il est considéré comme l'un des éléments essentiels d'une « cité idéale » qui dépasse le cadre de la technique industrielle.

Mais, en 1999, le directeur du Patrimoine et de l'Architecture au ministère de la Culture, François Barré, constatait qu'« *il n'y a pas de sens civique concernant le patrimoine comme en Grande-Bretagne où le National Trust repose sur une adhésion populaire* ». Et ce, en dépit des journées qui lui sont consacrées. Chaque année en effet, 10 à 12 millions de personnes s'engouffrent dans les édifices ouverts au public le temps d'un week-end. L'héritage industriel suscite quelques francs succès, tels que les circuits de visite du patrimoine minier, dans le Nord-Pas-de-Calais, avec d'interminables files d'attente devant l'ancienne chocolaterie Menier, à Noisel, par exemple.

Cependant, force est de constater que le patrimoine industriel doit faire face à l'incompréhension et la spéculation, aux propriétaires aveugles et aux administrations indifférentes, de même qu'à l'impatience des élus pour le remplacement d'une « vieillerie » par un parking ou une banque. Faut-il détruire et refouler notre mémoire commune pour lutter contre une soi-disant fétichisation du passé, pour avancer vers un avenir meilleur ? Nous sommes aujourd'hui dans l'ère de la perte de mémoire, donc de références. Pourtant, la montée de la notion de patrimoine est une préoccupation très naturelle qui illustre bien la demande de racines, mais qui peut tourner à la crispation identitaire dans certains cas. En effet, la présence d'un patrimoine doté d'une épaisseur historique est justement une marque, un point d'ancrage qui facilite l'intégration et les mutations sociales. Malheureusement, le patrimoine rencontre une difficulté majeure : celle de « l'obsession patrimoniale française », qui irrite, car accusée de détourner les publics de la création contemporaine. Ainsi, les institutions ou mécènes soutenant le patrimoine sont taxés de passéistes... Création contre patrimoine... conflit qui reflète une réalité très ancrée en France où l'inculture architecturale se mêle au culte de la modernité.

Car, s'il ne viendrait à l'idée de personne de détruire les *Demoiselles d'Avignon* de Picasso ou *L'Olympia* de Manet, les Halles de Baltard ont disparu dans la plus grande indifférence, sans provoquer une quelconque protestation. De même que la destruction des Halles parisiennes, de l'usine des eaux, quai de la Rapée, ou encore le « massacre » des Grands Moulins parisiens. Rien… Qui a protesté lors de la démolition de la centrale Arrighi, construite en 1932 à Vitry-sur-Seine, alors même qu'on inaugurait à Londres la nouvelle Tate Modern, qui a permis la reconversion de la Bankside Power Station, une ancienne centrale électrique au fioul ? Cela tiendrait presque d'un complot contre les réalisations architecturales de personnages comme Pierre Chabat, grand nom de la céramique architecturale, ou encore de Georges-Henri Pingusson…

Le directeur de l'Architecture et du Patrimoine rappelle qu'il faut être attentif au patrimoine du siècle précédent. Il nous est difficile, sans recul, de mesurer l'importance de ces œuvres, d'autant plus que ces constructions ont pris des formes nouvelles liées à l'industrialisation de notre société. Et les chiffres parlent d'eux-mêmes : en France, sur les 40 000 bâtiments protégés au titre des monuments historiques, seulement 1 400 appartiennent au XXe siècle. Ainsi, force est constater que le patrimoine industriel cumule les handicaps puisqu'il occupe de larges espaces convoités, au centre des villes, et qu'il ne possède pas, ou du moins pas encore, de caractère « pittoresque ». Effectivement, si la protection de l'architecture contemporaine est déjà une lutte difficile, qu'en est il de celle du patrimoine industriel lorsqu'il n'apparaît plus que comme un simple « élément technique » ?

L'administration française du patrimoine se donne pour objectif de reprendre « *la politique initiée par André Malraux, Michel Guy et Jack Lang pour poursuivre l'identification des monuments emblématiques du siècle* ». Pourtant, ce but est plus long que prévu à atteindre. En effet la culture technique n'a jamais été très bien considérée dans les pays de l'Europe du Sud, imprégnés de tradition catholique, pour laquelle le travail est une malédiction assimilée à la souffrance et à la punition. « *Tu enfanteras dans la douleur et tu gagneras ton pain à la sueur de ton front* », lit-on dans la Genèse, après l'expulsion d'Adam et Ève du paradis terrestre. Pour le monde protestant, le travail reste une valeur positive : la réussite professionnelle est un signe de bienveillance divine. Ce n'est donc pas un hasard si en Allemagne ou en Grande-Bretagne, le patrimoine industriel a été mis en valeur très tôt, alors que dans le sud du continent il est détruit de façon quasi systématique lorsque sa fonction première disparaît.

Pourtant, certains édifices techniques, tels que des usines, des halles ou encore des entrepôts, sont, si on se penche sur le style et l'innovation, des réalisations remarquables qui méritent à ce titre d'être protégées. Supports de mémoire, ces bâtiments sont aussi des monuments dont la vision nous procure une émotion esthétique. En effet, une usine est le plus souvent perçue comme un objet inesthétique, générateur d'austérité paysagère. Il est vrai que l'usine emmagasine une charge émotionnelle dans laquelle transparaît le travail de l'homme, mais aussi parfois son asservissement, qui vient influer sur la perception de l'inconscient collectif. Mais, en y regardant de plus près, si on la dépouille de tout le poids qui s'y rattache pour n'en garder que l'architecture et son contexte, l'usine peut être belle. C'est notamment le cas pour les fabriques anciennes. L'industriel du XVIIIe siècle aimait à s'installer dans de belles architectures comme des châteaux ou hôtels particuliers. Celui du XIXe siècle, qui avait besoin de plus grandes surfaces, faisait édifier, s'il en avait les moyens, des usines d'une monumentalité volontiers ostentatoire, souvent désignées comme « châteaux de l'industrie ».

Mais le patrimoine industriel, c'est aussi l'histoire d'un produit, d'une marque ou d'un savoir-faire. Par exemple à Noisel, dans les bâtiments de l'ancienne chocolaterie Menier, on peut lire l'histoire d'une architecture, de même que l'histoire du chocolat, devenu produit de grande consommation. Au-delà de sa fonctionnalité, ce lieu retrace la naissance, l'apogée puis le déclin de cette dynastie industrielle.

Ainsi, la question du patrimoine industriel en France est abordée à travers des sites remarquables par leur architecture singulière, par la mémoire sociale qu'ils incarnent, parce qu'ils ont marqué les paysages et parce qu'ils témoignent de savoir-faire…

Nous pouvons citer pour exemple l'ancienne saline d'Arc-et-Senans (Doubs) qui fournit un cadre approprié pour ce type de réflexion. Construite selon les plans de l'architecte Claude-Nicolas Ledoux, entre 1775 et 1779, elle est considérée à l'heure actuelle comme l'un des joyaux les plus remarquables et originaux de l'architecture industrielle. Le site figure, en effet, sur la Liste du patrimoine culturel de l'humanité de l'Unesco.

La phase intermédiaire étant la phase de friche, faut-il encourager les entreprises à les prendre à leur charge ? En effet, chaque entreprise peut et doit se poser la question de son propre patrimoine : faut-il le préserver ou le faire revivre ? En parallèle à cela, on assiste à de véritables projets comme celui de la future fondation PPR, sur l'île Seguin, lieu des anciennes usines Renault.

Zoom sur la fondation PPR

La Fondation d'art contemporain François Pinault verra le jour d'ici 2007, sur l'île Seguin, à Boulogne-Billancourt, là même où se tenaient les usines Renault, désaffectées depuis une dizaine d'années.

Ce musée, qui occupera un tiers de l'île, a été acquis en septembre 2001 pour environ 15 millions d'euros. Dément pour certains, mégalo pour d'autres, ce centre d'art présentera les collections de François Pinault (sculptures, peintures, photos, vidéos des plus grands artistes de la seconde moitié du XXᵉ siècle) dans un majestueux édifice en verre.

Au total, un bâtiment de 300 mètres de long pour 130 mètres dans sa largeur, 32 000 m² répartis sur trois niveaux, 15 000 m² d'exposition permanente sur pilotis, auxquels s'ajoute un jardin nippon sur eau où se tiendront les expositions temporaires sur 7 000 m².

Pour réaliser cet ensemble tourné vers la nature, on a notamment fait appel au très célèbre architecte japonais, Tadao Ando. Son travail se concentrera sur la lumière, utilisée ici comme un matériau à part entière, et qui mettra de plus en valeur le bâtiment qu'il a imaginé, qui, tel un paquebot de verre, semblera flotter sur l'eau.

Ce lieu d'exception sera accessible de tous côtés. Une passerelle piétonne reliera Boulogne au centre du bâtiment. Des visites en bateau seront également possibles. Le musée occupera 3 ha sur les 11 ha du site. Le reste sera occupé par des logements, des bureaux, notamment pour les artistes et chercheurs qui travailleront sur le site. Un musée des usines Renault et une université sont également prévus.

La fondation Pinault, de la taille du Centre Pompidou, a l'ambition de rivaliser avec les musées Guetty et Guggenheim.

Les pratiques culturelles des Français : un centre d'intérêt en progression

Cette partie se basera sur quatre différents axes d'étude :

- Une approche qualitative sur les goûts des Français et l'art.
- Une approche quantitative sur la fréquentation des musées, expositions et concerts de musique classique.
- Une approche sur les socio-styles complétée par des données socio-démographiques.
- Une analyse sur les jeunes et la culture.

Les Français et l'art : connaissance et méconnaissance

« *Les arts visuels constituent un système d'interprétation du monde qui inclut la pensée, le mythe, la mémoire, la sensibilité et la conscience de l'histoire* », selon Roland Recht, professeur au Collège de France.

À la question « Quand on vous parle d'art, à quoi pensez-vous en priorité ? »[1], 41 % des Français ont répondu à l'ensemble des arts visuels (peinture, sculpture, dessin, photo, architecture, design) et 13 % à la musique.

Quelques chiffres[2]

Si vous aviez une certaine somme d'argent à dépenser pour acheter une œuvre d'art, préféreriez-vous acheter :

• Une œuvre originale d'un jeune artiste ?	44 %
• Une reproduction de qualité d'une œuvre d'un maître appartenant à l'histoire de l'art ?	21 %
• Une œuvre ancienne originale d'un artiste peu connu ?	21 %

Qu'est-ce qui vous intéresse le plus en matière d'art ?

• Ancien jusqu'au XIXe siècle ?	44 %
• Art moderne (début du siècle – années 1960) ?	20 %
• Art d'aujourd'hui, depuis la fin des années 1960 ?	14 %
• Art « primitif » c.-à-d. art ancien non occidental ?	14 %

Quels sont vos artistes préférés ?

1. Van Gogh   2. Monet   3. Léonard de Vinci
4. Renoir   5. Michel-Ange

---

1. Source : « Les Français et l'art », sondage institut BVA 2000, publié dans *Beaux-Arts Magazine*, janvier 2001.
2. *Idem.*

Top 5 des créations le plus appréciées ?
1. Notre-Dame de Paris   2. Pyramides d'Égypte   3. Tour Eiffel
4. La Joconde   5. Grottes de Lascaux

La connaissance des Français est principalement axée sur le passé et les grands monuments mais ils sont néanmoins prêts à découvrir la jeune création artistique.

Les pratiques culturelles des Français : l'offre crée la demande

Quelques chiffres[1]

Fréquentation des musées en chiffres

Officiellement, la France compte 33 musées nationaux (qui représentent plus de 14 millions d'entrées dont 71 % payantes), dont la moitié hors Paris, et 1 078 musées « classés ou contrôlés » par la direction des Musées de France, qui en garantit la qualité scientifique et culturelle. Ils appartiennent généralement aux collectivités territoriales. Cependant, aux côtés de ces musées « labellisés », coexistent beaucoup d'autres établissements (plus de 8 000, avancent certains...), gérés par différents ministères, associations, municipalités, institutions ou personnes privées...

En 2001, d'après Muséostat, les 1 200 musées « officiels » ont reçu 65 millions de personnes, dont 22 millions de touristes étrangers. En tête arrive le Louvre (5,7 millions), suivi de Versailles (2,5) et du musée d'Orsay (1,6).

À noter qu'en 2002, c'est à l'exposition Matisse Picasso que revient la palme de l'exposition la plus visitée, avec plus de 700 000 visiteurs. Alors qu'en 2000 l'exposition Méditerranée avait déjà battu un record avec ses 319 000 visiteurs.

1. Source : Mini chiffres-clés/éditions 2002 - données 2001, ministère de la Culture et de la Communication.

Total des entrées	
Le Louvre	5 164 000
Versailles	2 593 000
Orsay	1 665 000
Picasso	471 000
Guimet	438 000

Cité des Sciences et de l'Industrie : 3,1 millions de visiteurs dont 2,6 millions d'entrées payantes.

Musées de la Ville de Paris

545 000 entrées dans les collections permanentes, 883 000 entrées aux expositions temporaires.

Fréquentation des monuments historiques

Plus de 2 400 monuments ouverts à la visite.

Le monument le plus visité est la Tour Eiffel, avec 6 millions d'entrées.

On compte 8 millions d'entrées dont 80 % payantes dans les 94 monuments nationaux gérés par le Centre des monuments nationaux.

131 villes et pays d'art et d'histoire ont organisé 53 000 visites suivies par 1,4 millions de personnes.

Total des entrées	
Arc de Triomphe de l'Étoile	1 023 000
Abbaye du Mont-Saint-Michel	1 034 000
Sainte-Chapelle	693 000
Château de Chambord	709 000
Château du Haut-Kœnigsbourg	503 000
Panthéon	286 000
Cité de Carcassonne	330 000

Les sept monuments appartenant à l'État les plus visités

■ Le renouveau des musées français, à l'origine de nouvelles pratiques culturelles

Ainsi, les musées français accueillent chaque année quelque 70 millions de visiteurs. Les raisons d'une telle affluence tiennent à plus de deux décennies de rénovations et de créations initiés par « les grands travaux » dont nous avons parlé un peu plus haut. Mis en place par la Révolution française pour éduquer le peuple, ces « temples du beau », il y a seulement vingt ans, étaient encore désertés par le public. Trop souvent considérés comme des conservatoires poussiéreux et sans vie, ils étaient alors incapables de suivre l'évolution des pratiques culturelles et de transmettre, tout à la fois, le goût du patrimoine et celui de l'art vivant.

1977, date de l'inauguration du Centre Georges Pompidou, marque le renouveau des musées français. Le « paquebot » tout en cheminées aux couleurs gaies, signé par les architectes Renzo Piano (italien), Gianfranco Franchini (italien) et Richard Rogers (anglais), abrite un musée national d'Art moderne, mais aussi une vaste bibliothèque publique, des expositions temporaires, un cinéma, un théâtre… le tout dans une tonifiante interdisciplinarité. Un an plus tard, « Beaubourg » enregistre plus de six millions d'entrées, plus que la tour Eiffel !

Zoom sur un lieu de mémoire : le mémorial de Caen

Parmi les lieux de mémoire, nous pouvons citer le mémorial de Caen. C'est aujourd'hui le seul musée au monde à offrir une vue d'ensemble de l'histoire, de 1918 à nos jours. Son propos, originellement consacré à l'approche des causes et conséquences de la Seconde Guerre mondiale, s'est étoffé. À travers 2 500 m² de nouveaux espaces, le visiteur poursuit son voyage par l'un des épisodes marquants de la seconde moitié du XXe siècle : la Guerre froide, puis achève ce parcours historique par un espace dédié à la paix. Le mémorial a ainsi compté en 2000 410 000 visiteurs, pour une durée moyenne de visite de 4 heures. Les visiteurs se répartissent comme suit : 35 % de scolaires 15 % de groupes adultes, 50 % d'individuels, dont 65 % de Français 35 % d'étrangers.

Lieu de mémoire, le mémorial est aussi un lieu d'actualité, de réflexion et de culture. Concernant son Observatoire de la paix, ce dernier organise chaque année le Concours international de plaidoiries auquel dix avocats du monde entier sont invités à plaider en public une cause de violation des droits de l'Homme. Sur le même principe, le Concours national lycéen permet à dix équipes de lycéens sélectionnées dans la France entière de présenter un « exposé plaidoirie » sur une situation de violation des droits fondamentaux. Autre événement majeur, les Rencontres internationales réunissent les principaux acteurs de la prévention des conflits dans le monde, à débattre d'un problème géopolitique d'une zone à risques. Un colloque international d'Histoire sur le monde contemporain depuis 1945, est organisé avec l'université de Caen, en collaboration avec d'autres universités françaises et étrangères.

L'évolution des pratiques culturelles des Français [1]

Les chiffres analysés portent sur des études réalisées par la DEP en 1995 et 1997 :

- **Concernant la lecture**, 43 % des Français lisaient tous les jours un quotidien en 1989, alors qu'en 1997, ils n'étaient plus que 36 %. Cependant, la lecture du livre reste stable.

- **Quant aux lieux culturels et sorties**, on peut remarquer en outre une nette augmentation de la fréquentation des bibliothèques et médiathèques, passant de 23 % en 1989 à 31 % en 1997.

Toujours en 1997, 33 % de la population française va au moins une fois par an au musée, dont 25 % à des expositions temporaires de peinture ou de sculpture, et enfin 15 % visitent une galerie d'art. Les événements culturels ayant le moins de succès sont le spectacle de danse professionnel, l'opéra, l'opérette et le concert de jazz.

---

1. Sources : bulletins du département des Études et de la Prospection, DEP-Insee.

- **Quant aux pratiques audiovisuelles**, la « consommation » de télévision de façon quotidienne a augmenté, passant de 73 % en 1989 à 77 % en 1997.

  L'écoute quotidienne de la radio devient une pratique qui se développe, notamment chez les jeunes.

Les dépenses des ménages pour la culture[1]

Trois sphères de dépenses sont ici analysées : les équipements et les consommations associés de la sphère audiovisuelle, les consommations culturelles au sens strict (spectacle, cinéma, livre), les activités artistiques en amateur, auxquelles s'ajoutent la presse et les sorties de divertissement (zoos, fêtes, parcs d'attraction...), plus largement répandues car souvent liées à la présence d'enfants.

Les enquêtes régulières de l'Insee sur le budget des familles permettent de suivre les dépenses que les ménages français consacrent à la culture. Les dépenses des ménages se sont élevées en 1995 à 1 021,4 euros en moyenne soit 3,5 % de leur budget total. Elles sont consacrées d'abord à l'image et à l'écrit, puis aux pratiques culturelles en amateur, aux sorties, au son et enfin à la micro-informatique et au multimédia. En voici le détail :

- **Les dépenses pour l'image dépassent celles pour l'écrit.** Les dépenses relevant de l'image atteignent 288,6 euros et arrivent au premier rang avec 28,6 % des dépenses totales pour la culture. Les dépenses pour l'écrit (livre et presse) constituent la deuxième filière en importance avec 276,7 euros, soit 27,4 %. À noter que la presse (presse quotidienne, revues et périodiques) y est prépondérante.

1. *Idem.*

55

- **Des dépenses voisines pour le son et les sorties.** La filière sorties rassemble toutes les pratiques à l'extérieur, des formes les plus culturelles (théâtre, concerts, musées, expositions…) à celles du divertissement (parcs de loisirs, discothèques…) en passant par le cinéma. Les unes et les autres sont d'un poids équivalent (35 % et 40 %), le cinéma représentant le quart des dépenses de sorties des ménages. L'ensemble atteint en moyenne 128 euros, soit 12,7 % du total des dépenses culturelles.

- **Plus de 152 euros pour les pratiques en amateur.** Cette filière, la troisième en importance avec 15,2 % du total, comprend pour 60 % les dépenses en matière de photo et de cinéma (caméscope) correspondant à un usage « actif », par opposition à l'usage majoritairement plus « réceptif » des pratiques de la filière image. Le reste est constitué de cotisations à des associations et du paiement de cours et formations artistiques et de loisirs.

- **L'intensité des dépenses culturelles va de pair avec le niveau de diplôme.** L'intensité de la consommation culturelle est très fortement liée au niveau de diplôme de la personne de référence, qui indique l'ampleur de son capital scolaire. Les chefs de ménage les plus diplômés (Bac + 3 et plus) ont des dépenses culturelles élevées – près de 2 134,3 euros –, soit le double de la moyenne. Ainsi, la catégorie sociale introduit des différences qui restent fortes.

- **La consommation culturelle est aussi une réponse à l'offre accessible au lieu de résidence.** Force est de constater que l'augmentation de la taille de la commune va de pair avec une plus forte intensité des dépenses culturelles, ce qui renvoie à l'importance de l'offre culturelle accessible. Paris s'inscrit dans cette logique avec une très forte intensité de consommation culturelle des Parisiens (1 607 euros en moyenne, soit 4,3 % de leur budget). Ainsi les dépenses annuelles des Parisiens pour la culture au sens strict (livres, disques, sorties culturelles, y compris cinéma, et pratiques en amateur) approchent 838,5 euros. À noter enfin que les marchés culturels restent très concentrés.

Approche sur les socio-styles, une segmentation pour mieux cibler[1]

L'étude du CCA sur les styles de vie va nous permettre de répondre à cette interrogation et de définir nos populations. Nous compléterons cette approche par des données socio-démographiques issues de l'étude SIMM. Nous reviendrons brièvement sur les grandes lignes de l'étude du CCA et sur une description de chacun des socio-styles, en analysant :

- deux catégories de produits : les livres et les disques ;
- les sorties culturelles ;
- les activités culturelles réalisées pendant le week-end.

Sur chaque *mapping*, nous avons isolé les cœurs de cible.

© Éditions d'Organisation

1. Source : étude CCA/SIMM, année 2001.

◼ Les Français et l'art : approche sur les socio-styles

COCOONING

RÊVE — **RÉALITÉ**

EXPLORATION

Les Intenses (5,6 %)
De jeunes célibataires étudiants et de très jeunes foyers en début d'activité, urbains de province, de classes moyenne et modeste. Les plus individualistes et matérialistes.

Les Orpailleurs (4,2 %)
De jeunes étudiants célibataires des grandes villes, de classes moyenne et modeste, opportunistes et hédonistes. Les plus attirés par le paraître et l'univers people.

Les Méfiants (6,0 %)
Des foyers ruraux et provinciaux de familles nombreuses, avec de jeunes enfants, aux revenus modestes. Les plus matérialistes, motivés pour gagner de l'argent et grimper dans l'échelle sociale.

Les Dériveurs (5,1 %)
De jeunes couples concubins et des familles avec de jeunes enfants, habitant des grandes villes, aux revenus diversifiés de modestes à aisés. Les plus insatisfaits, enclins à changer de vie.

Les Attentistes (7,3 %)
Des foyers jeunes et d'âge moyen, mariés ou familles couple, avec de jeunes enfants, de classes moyenne et modeste. Des hédonistes opportunistes enclins à l'adaptation pour mieux profiter de la vie.

Les Fragiles (7,7 %)
Des foyers ruraux et provinciaux de familles nombreuses, de classe modeste. Les plus en quête de réassurance et de sécurité.

Les Îlotiers (8,5 %)
Des seniors ruraux, souvent seuls, aux revenus modestes. Les plus repliés sur la famille et l'environnement proche.

Les Butineurs (5,0 %)
Des célibataires et jeunes couples concubins, les plus parisiens, de classe souvent aisée. Des humanistes intellectuels et hédonistes en quête d'une société dynamique mais solidaire.

Les Cools (7,7 %)
Des foyers mariés et concubins avec de jeunes enfants et des adolescents, rurbains, de classes moyenne et aisée. Des rationnels tolérants en quête de qualité de vie.

Les Intègres (8,4 %)
Des foyers ruraux et provinciaux, avec de jeunes enfants et adolescents, de classes modeste et moyenne. Les plus bons vivants dans une logique de maîtrise et d'épanouissement personnel.

Les Coutumiers (8,3 %)
Des couples de seniors ruraux, actifs et retraités de classe moyenne. Les plus repliés sur des habitudes traditionnelles, en position d'autodéfense.

Les Explorateurs (7,2 %)
De jeunes célibataires et des concubins de Paris-RP, aux revenus inégaux. Des intellectuels humanistes en quête de passions et d'idéal.

Les Authentiques (7,4 %)
Des personnes seules, divorcées ou des couples concubins, d'âge moyen, rurbains, de classes moyenne et aisée. Les plus écologistes, en phase avec tout ce qui est nature.

Les Bâtisseurs (11,6 %)
Des seniors et jeunes seniors, habitant de grandes villes, de classes moyenne et souvent aisée. Des notables alliant tradition et modernité, en quête d'épanouissement personnel et prêts à se battre pour leurs idées.

Qui s'intéresse aux livres ?

Achat de livres ou de BD au cours des 12 derniers mois

- **Approche CCA**

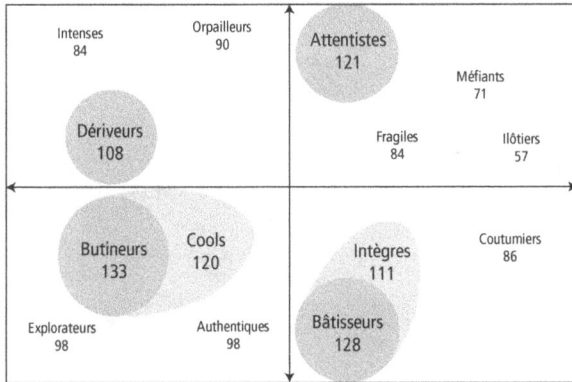

Simm 2001 (SIMM 2001)   Base : 60,8%

- **Sud de la carte**

  Butineurs : indice 133[1]

  Bâtisseurs : 128

  Cools : 120

- **Approche socio-démographique**

  25-49 ans (48,4 % = indice 109)

  Agglomération parisienne (19 % = indice 113)

  Cadres, professions intellectuelles supérieures
  (9,6 % = indice 136)

---

1. Indice *vs* ensemble population.

Qui s'intéresse aux disques ?

Achat de CD musicaux au cours des 12 derniers mois

- **Approche CCA**

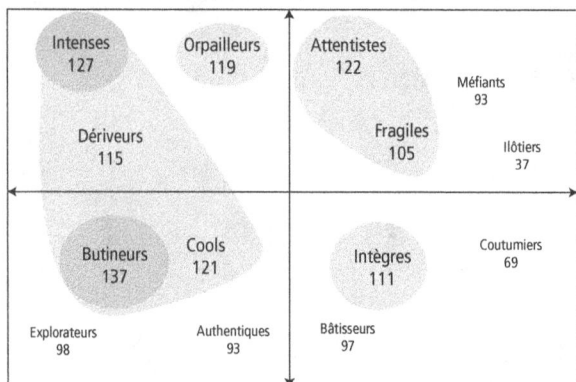

Simm 2001 (SIMM 2001)   Base : 58,2%

- **Ouest de la carte**

  Butineurs : indice 137

  Intenses : 127

- **Approche socio-démographique**

  15-49 ans (74,4 % = indice 124)

  Présence d'enfant de moins de 15 ans dans le foyer (38,7 % = indice 125)

  Cadres (9,3 % = indice 131), professions intermédiaires (13,3 % = indice 124), étudiants (14 % = indice 125)

▦ Qui effectue quels types de sorties ?

Fréquentation occasionnelle des musées et expositions

- **Approche CCA**

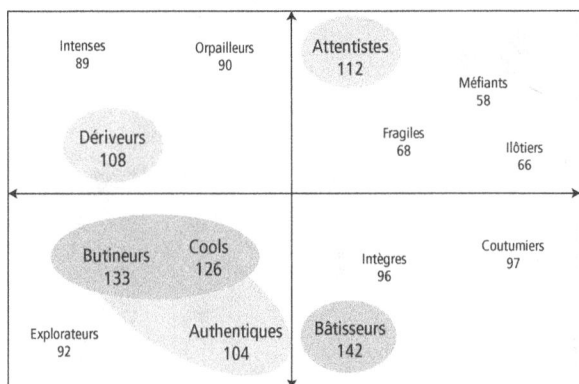

```
Intenses        Orpailleurs      Attentistes
89                  90               112
                                              Méfiants
                                                 58
      Dériveurs                  Fragiles
        108                        68          Ilôtiers
                                                  66

                                              Coutumiers
      Butineurs    Cools            Intègres      97
        133        126               96

Explorateurs    Authentiques    Bâtisseurs
    92              104            142
```

Simm 2001 (SIMM 2001)   Base : 30,5%

- **Sud de la carte**

    Bâtisseurs : indice 142

    Butineurs : 133

    Cools : 126

- **Approche socio-démographique**

    50-64 ans (22,7 % = indice 112)

    Agglomération parisienne (19,5 % = indice 117)

    Cadres, professions intellectuelles supérieures
    (10 % = indice 142)

▨ Les pratiques occasionnelles du week-end

Dessin, peinture, sculpture

- **Approche CCA**

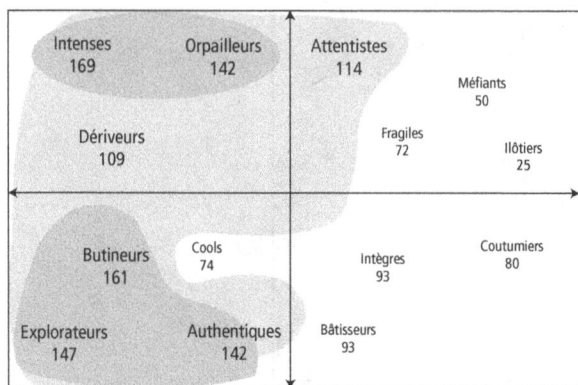

Simm 2001 (SIMM 2001)   Base : 30,5%

- **Ouest de la carte** (avec une diffusion dans le nord et le sud)

  Intenses : indice 169

  Butineurs : 161

  Explorateurs : 147

  Orpailleurs : 142

  Authentiques : 142

- **Approche socio-démographique**

  15-19 ans (18,2 % = indice 227)

  Agglomération parisienne (18,3 % = indice 109)

  Étudiants (24 % = indice 214)

Ainsi, on peut remarquer que, d'une part, les socio-styles se situant au sud et à l'ouest de la carte, les bâtisseurs et les butineurs, présentent des pratiques culturelles variées. De plus, force est de constater que les classes aisées habitant les grandes villes ou la région parisienne sont une cible privilégiée. Mais certaines populations sont peu, voire ne sont absolument pas, concernées : les attentistes, méfiants, îlotiers, et fragiles, au nord-est de la carte. Ce sont pour la plupart des classes moyennes aux revenus modestes, habitant les milieux ruraux ou provinciaux.

Et ces résultats sont confirmés par l'approche socio-démographique. Les employés, les ouvriers ainsi que les agglomérations de moins de 100 000 habitants sont absents et totalement sous représentés.

Les jeunes : la culture, oui, mais après le sport[1]

Sur un plan socio-démographique, les jeunes représentent une population importante et inégalement répartie sur le territoire.

Quelques chiffres

La France compte 18,8 millions de jeunes de 0 à 24 ans dont 15,1 millions ont entre 5 et 24 ans, soit respectivement 31,7 % et 25,5 % de la population totale. Parmi eux, ils sont un peu moins de 12 millions à être scolarisés dans des écoles, collèges et lycées. Les effectifs de l'enseignement supérieur, quant à eux, sont en légère baisse, s'élevant à 2,1 millions d'étudiants. Les étudiants représentent 3,5 % de la population de la France. Le taux de scolarisation à 20 ans, qui avait beaucoup augmenté de 1990 à 1995, passant de 29 % à 41 %, s'est stabilisé à 42 % en 1999.

Les activités extrascolaires artistiques arrivent en deuxième position (23,4 %) après les activités sportives (60,9 %). On note de plus que la fréquentation des lieux culturels est de 30,5 % pour les musées et de 16,7 % pour le théâtre. Il serait pertinent de spécifier ici que ces derniers chiffres ne sont que le résultat des sorties culturelles organisées par l'école.

1. Source : Consojunior 2002, univers des 8-15 ans.

▨ Des pratiques culturelles propres à la jeunesse : « la culture jeune »

Toutes les enquêtes sur les usages du temps libre ou sur les pratiques culturelles mettent en évidence l'existence d'un univers culturel propre aux adolescents. Cet univers se caractérise en premier lieu par un investissement important dans les loisirs : les adolescents se distinguent de leurs aînés par des niveaux de pratique élevés, dans le domaine du sport comme de la lecture, de l'écoute de musique comme de la fréquentation des musées. Rares sont les activités (on peut citer la lecture de quotidiens, l'écoute quotidienne de télévision, la fréquentation de quelques spectacles comme les danses folkloriques ou l'opérette) où la proportion de pratiquants ne décroît pas dès le passage à l'âge adulte ou au plus tard vers 30-40 ans.

Le renforcement d'une identité « jeune » dans la plupart des domaines de la vie sociale est favorisé par l'essor de ce qu'il convient d'appeler la « culture jeune », qui s'articule autour de l'existence d'un ensemble de connaissances, de comportements et de goûts culturels propres et communs aux jeunes.

Trois propriétés définissent les contours de l'univers culturel des jeunes :

- **Les sorties et les rencontres.** Aujourd'hui comme par le passé, les jeunes se distinguent des adultes par des usages du temps libre plus largement tournés vers l'extérieur du domicile et la sociabilité amicale : 67 % des 15-29 ans sortent le soir au moins une fois par semaine et les 2/3 d'entre eux font partie d'un groupe d'amis avec lequel ils partagent une partie de leurs loisirs.

- **Une génération née avec l'audiovisuel.** Plus que la télévision en effet, dont les jeunes font un usage plutôt modéré, c'est l'écoute musicale qui est probablement la pratique culturelle la plus caractéristique des jeunes : la grande majorité d'entre eux écoutent quotidiennement des disques, des cassettes ou des radios de la bande FM. Alors même que cette pratique augmente, on peut remarquer un recul simultané de la place du livre dans l'univers des jeunes générations.

- **Une période de construction identitaire.** Les jeunes sont, aujourd'hui plus encore qu'hier, les plus nombreux à pratiquer en amateur des activités artistiques : ils sont en effet 44 % chez les 15-19 ans à avoir pratiqué au moins une activité artistique au cours de l'année écoulée. Jouer d'un instrument, faire de la danse ou du dessin, écrire un journal intime ou des poèmes…, activités depuis toujours prioritairement pratiquées au moment de l'enfance ou de l'adolescence, sont devenues de plus en plus fréquentes depuis le début des années soixante-dix. Ce développement des activités amateur concerne la musique, que plus de six jeunes sur dix ont déjà pratiquée, mais aussi les autres domaines : ainsi, par exemple, les adolescents d'aujourd'hui sont deux fois plus nombreux que leurs parents et quatre fois plus que leurs grands-parents à faire de la danse ou à écrire un journal intime. Les jeunes, par ailleurs, passent plus facilement d'un domaine à l'autre ou d'une activité à l'autre et sont plus nombreux à en mener plusieurs de front, multipliant ainsi les chances de parfaire leur identité sociale et de se « produire » eux-mêmes, voire pour certains d'entre eux d'expérimenter une voie professionnelle.

Cependant, l'avancée en âge se traduit dans l'ensemble par une diminution du temps disponible et une réorganisation du mode de vie, souvent fatales à certaines activités culturelles pratiquées de façon amateur. Ces dernières, dont la progression a été spectaculaire au cours du dernier quart de siècle, continuent en effet à connaître de forts taux d'abandon avant même l'entrée définitive dans la vie adulte.

Zoom sur les pratiques culturelles des 15-19 ans et 20-24 ans

Force est de constater ici le poids très important de l'audiovisuel ; d'ailleurs, l'explication du recul relatif de la quantité de livres lus est souvent recherchée du côté de la télévision, comme si l'attrait exercé par le petit écran était directement responsable d'un intérêt moindre porté au livre. Il est bon sur ce point de rappeler que les jeunes ne sont pas les plus forts consommateurs de programmes télévisés et ne passent pas plus de temps que les adultes devant le petit écran : ils lui consacrent même beaucoup moins de temps que les « seniors » (leur durée d'écoute moyenne est de 18 heures par semaine, soit dix heures de moins que les 65 ans et plus)[1].

De même, l'écoute musicale a de nombreux adeptes, notamment pour la radio, qui fait partie de leur « culture d'appartement » : NRJ (48 %) ; Fun radio (37 %), Skyrock (33 %), Kiss FM, Nostalgie, Hit FM, RFM, Europe 2 (20 %). Seuls 1 % écoutent France-Musique et France-Culture. Les jeunes sont en général les premiers à s'emparer des genres ou des formes d'expression artis-

tiques nouvelles et les plus enclins à exprimer les goûts les plus tranchés. En matière musicale par exemple, à la différence des 20-24 ans qui font preuve d'un plus grand éclectisme, ils adorent les genres qu'ignorent les plus de 45 ans (le rock, les tubes, notamment anglo-saxons) et rejettent ceux que préfèrent ces derniers, la musique classique en particulier[2].

Concernant maintenant les sorties et la fréquentation des équipements culturels, les jeunes sont dans l'ensemble plus nombreux que les adultes à fréquenter les équipements culturels : la tranche d'âge des 15-29 ans est proportionnellement la mieux représentée dans les publics des musées et des lieux de spectacle, sauf dans le cas du cirque, qui attire plutôt les parents ayant des enfants en bas âge, et de quelques spectacles en proie à des difficultés de renouvellement de leur audience, tels les danses folkloriques ou les concerts de musique classique.

La fréquentation des équipements culturels apparaît moins discriminante chez les jeunes que chez les

1. Source : O. Donnat, « Les pratiques culturelles des Français », DEP/Documentation française, 1997.
2. Source : « Les usages de loisirs de l'informatique domestique », *Développement culturel* n° 130, 1999.

adultes, notamment du fait des progrès récents de la scolarisation. De plus, certaines sorties culturelles participent pleinement de la « culture jeune » : la fréquentation des concerts de « musiques actuelles » (rock, rap, techno...) réunit une forte proportion de jeunes, participant activement au renforcement de leur sentiment d'appartenance générationnel, notamment au moment de l'adolescence.

Le musée, quant à lui, est l'un des équipements culturels les mieux connus des jeunes : seuls 14 % des 15-19 ans n'y ont jamais mis les pieds. Ses activités, en revanche, sont moins connues : 55 % des 15-19 ans et 47 % des 20-24 ans ne sont jamais allés visiter une exposition de peinture, 70 % et 61 % une exposition de photographie.

À noter

Le poids du scolaire joue également et explique la progression globale de la fréquentation. Par ailleurs, les informations concernent principalement l'offre « centrale » des musées (collections permanentes, spectacles de la salle principale, etc.) et négligent souvent l'offre « périphérique » (ateliers, conférences, etc.) où les enfants sont proportionnellement bien représentés.

Pour y voir plus clair[1]

Musée du Louvre

Un total de 6 095 400 visiteurs.

Collections permanentes : 235 700 personnes de moins de 15 ans (hors groupes scolaires).

Groupes scolaires : 560 000 enfants.

1 310 ateliers organisés pour les enfants (5-13 ans) soit environ 18 000 enfants.

4 500 visites de conférences, soit environ 80 000 enfants.

1. Année de référence 2000.

BNF

Les salles de lecture sont ouvertes à partir de 16 ans pour la bibliothèque d'étude et 18 ans pour la bibliothèque de recherche, et on compte 1 million d'entrées par an.

6 % des lecteurs de la bibliothèque de recherche sont des lycéens (en doublement par rapport à 1998) et 10 000 scolaires sont pris en charge pour des visites découverte de la BNF, visites d'expositions ou ateliers d'écriture.

Conclusion

Ainsi, comme nous avons pu le constater, grâce aux initiatives des pouvoirs publics, l'art devient de plus en plus « grand public ».

Toutefois, les disciplines artistiques et culturelles restent pratiquées par les classes les plus aisées, ainsi la notion de démocratisation de la culture est à prendre avec des pincettes. Cependant, force est de constater qu'aujourd'hui, certaines pratiques, telles que la musique ou la peinture, élargissent la population réceptive à l'art vers de nouveaux segments. Cet accès à l'art est aujourd'hui favorisé par une offre pluridisciplinaire et une dimension pédagogique de plus en plus marquée. On constate d'ores et déjà que certaines entreprises ont pris position sur ce marché et que des passerelles peuvent se créer entre culture d'entreprise et accès à la culture pour tous.

Chapitre 2

Le marché de l'art et les circuits de distribution : la France se restructure

Quelle importance attacher au marché de l'art ? Combien d'entreprises, d'emplois, de milliards échangés ? Autant de questions qui se posent aujourd'hui, auxquelles nous avons essayé de répondre en nous appuyant sur le rapport du sénateur Y. Gaillard[1] et sur le rapport Quemin[2]. Il convient en effet de signaler une difficulté : le marché de l'art en France est mal connu, faute d'enquêtes statistiques analogues à celles auxquelles procèdent les professionnels britanniques par exemple.

De plus, on a tendance à réduire le marché de l'art uniquement aux ventes aux enchères. Or, celles-ci ne sont que la partie émergée de l'iceberg, par rapport à l'ensemble du commerce de l'art et des antiquités.

À noter

> Depuis près de trente ans, le marché de l'art ne fonctionne plus comme une juxtaposition de marchés nationaux, communiquant plus ou moins convenablement entre eux, mais bien comme un marché global.

1. « Le marché de l'art : les chances de la France », Sénat, 1998-1999.
2. Juin 2001 (Artprice.com).

Des origines du marché de l'art à nos jours

▣ Un état des lieux du marché de l'art aujourd'hui

Le 30 mars 1987 est la date à laquelle le marché de l'art a enregistré sa première grosse secousse, avec la vente des *Tournesols* de Vincent Van Gogh, adjugé par Christie's pour la somme record de 39,9 millions de dollars. Le 11 novembre 1987, nouveau coup de tonnerre, chez Sotheby's cette fois, qui bat un nouveau record avec un autre Van Gogh, *Les Iris*, vendu 53,9 millions de dollars au magnat australien Allan Bond. Le psychanalyste Serge Videman, avance que l'art attire les hommes car c'est le moyen le plus noble et le plus raffiné de conforter leur rang social, leur puissance, et leur argent.

Suite à la dépression survenue à la fin de 1990, quelques éclaircies sont apparues, comme le 11 mai 1992 lorsque Christie's a vendu à New York la collection Douglas Cooper avec des œuvres signées Picasso, Gris, Braque ou Léger, pour un montant total de 21,5 millions de dollars. Cependant, ce ne fut guère une reprise foudroyante car les enchères ont été marquées par la grande absence des Japonais, pourtant principaux acteurs du marché entre 1987 et 1990, et très discrets depuis dans les salles de ventes en raison de nombreuses faillites enregistrées au Japon et de la crise qui a affecté la Bourse de Tokyo en 1998.

Le marché mondial des ventes aux enchères ne représente pourtant qu'un volume annuel global de 7,62 millions d'euros, tandis que le CA de tous les professionnels de l'art (galeries, antiquaires, brocanteurs) dans le monde est estimé à environ 38,11 milliards d'euros par an. À titre comparatif, rappelons que ce sont près de 304,9 milliards d'euros qui transitent chaque jour sur les marchés financiers… Si ce marché provoque autant d'étonnement, c'est probablement du fait des nombreuses légendes qu'il suscite et entretient, comme ces duels d'enchères livrés entre des hommes riches et célèbres pour des œuvres d'art, dont l'acquisition représente une réelle victoire sur leur rival.

Les maisons de vente sont devenues des multinationales à l'image de Sotheby's ou de Christie's, laquelle a été rachetée en juillet 1998 par l'homme d'affaires français François Pinault, du groupe PPR. New York, quant à elle, est devenue la capitale du marché, devant Londres et Paris. La capitale française a subi d'importants bouleversements ces deux dernières années, avec la suppression du monopole des commissaires-priseurs et l'autorisation donnée à ces deux maisons d'y organiser des ventes.

Les collectionneurs sont ainsi devenus plus exigeants quant à la qualité des pièces proposées sur le marché et les prix du rare et du beau ont augmenté. Le marché de l'art a ainsi atteint une nouvelle dimension sur le plan économique. Il reste aujourd'hui à ses principaux acteurs à s'adapter, à adopter une approche plus moderne et à s'initier en particulier aux technologies de pointe comme internet.

Les ventes aux enchères ne totalisent pourtant que 16,5 % du volume global du négoce de l'art. Donc, sur les 38,11 milliards d'euros équivalents au CA des professionnels de l'art dans le monde, il convient de ne pas négliger la part représentée par ceux qui semblent n'être, de prime abord, que des anonymes parce qu'ils ne participent pas aux prestigieuses biennales ou aux grands salons.

L'histoire des transactions

Lorsque les premiers dessins apparurent sur les parois des cavernes il y a de cela plus de 30 000 ans, personne n'eut l'idée d'en faire le commerce. En fait, ces représentations d'animaux, de signes, de symboles et de figures humaines avaient un caractère essentiellement sacré. Ce ne fut qu'après plusieurs millénaires que l'art entra dans le domaine du négoce. Certains hommes de la préhistoire ont été extrêmement doués pour le dessin, comme en témoignent les gravures rupestres trouvées dans de nombreux sites préhistoriques d'Europe depuis la fin du siècle dernier et l'art, né il y a près de 50 000 ans, a été la manifestation évidente de l'intelligence de l'*homo sapiens*.

L'art a conservé un caractère sacré durant les périodes du Mésolithique et du Néolithique et ce n'est que durant le premier millénaire avant J.-C, en étant toutefois encore associé au sacré, qu'il s'est développé de façon importante avec l'exportation à travers le Bassin méditerranéen de statues et de poteries peintes. Les œuvres sont demeurées dans les temples, alors même que ces édifices évoluaient vers un rôle proche de nos musées actuels. C'est ainsi que de grands centres de production ont vu le jour, notamment à Pergame, à Antioche et à Alexandrie. Les pièces produites se sont vendues cher et les amateurs étaient souvent de grands connaisseurs. Cette situation s'est intensivement développée durant l'hégémonie romaine. À Rome, les marchands d'art sont devenus très actifs, et les premières ventes aux enchères y ont été organisées il y a de cela près de 2 000 ans. Quelques siècles plus tard, l'art a été annexé par l'Église et par une partie de la noblesse, notamment les chevaliers partis en croisade qui ont ramené de nombreux trésors de leurs expéditions.

Puis c'est en Italie et en France, à partir du XIVe siècle, qu'un mouvement significatif s'est dessiné et que l'œuvre d'art est devenue un objet de collection hors du contexte religieux. Vers 1400, les familles royales et les grands seigneurs ont contribué à favoriser le commerce des objets d'art, des tableaux, des sculptures et des tapisseries. Les artistes, jusqu'alors considérés comme des artisans, se sont regroupés en corporations. Au début du XVe siècle, le maniérisme influence les miniaturistes, qui développent une nouvelle manière de peindre les attitudes et les costumes des personnages. Il s'est alors produit une modification des rapports entre producteurs et consommateurs d'art. L'Église n'a plus été le seul débouché. L'art devient le fait des rois et des princes. Les artistes, quant à eux, sortent de leur anonymat.

Petit à petit, l'Europe a vu le cercle de ses collectionneurs s'agrandir. C'est donc tout naturellement qu'à partir de la Renaissance, les rois utilisent l'art pour asseoir leur gloire. C'est ainsi qu'en quelques décennies, les cours royales et princières se sont mises à rivaliser entre elles, et certains artistes ont bénéficié des plus hautes protections. On connaît le prestige d'un Léonard de Vinci à Milan puis auprès de François Ier en France, et on sait quel a été le rayonnement de Raphaël et de Michel-Ange de leur vivant et aux époques qui ont suivi. Les premières peintures à l'huile du XVe siècle ont été à l'origine de profonds bouleversements, comme par exemple l'apparition de l'imprimerie. À cette époque, ces deux innovations ont contribué à la mise en mouvement d'une fantastique révolution pour l'art. La Renaissance a permis aux peintres de se dégager des cadres rigides dans lesquels on les avait confinés.

C'est surtout au XVIIe siècle que les principales modifications ont eu lieu. Les rois et les princes se mettent à collectionner de plus en plus d'œuvres d'art, tels Charles Ier en Angleterre, Louis XIII et Louis XIV en France et les Habsbourg, notamment. Le fait de collectionner s'est également développé au sein de la population. C'est également au XVIIe siècle que la pratique des donations en faveur du roi et de son bon plaisir est devenue une habitude. En 1683, l'Ashmolean à Oxford est devenu le premier musée public d'Angleterre tandis que quelques années plus tard, un annuaire des arts mentionnant les noms des marchands d'art, a été publié pour la première fois à Paris.

Au début du XVIIIe siècle, le négoce de l'art s'est considérablement développé. Au milieu du XVIIIe siècle, de grosses maisons de ventes aux enchères ont vu le jour à Londres (Sotheby's en 1744, Christie's en 1766), organisant des vacations avec des catalogues très documentés, tandis que le nombre des acheteurs s'est encore plus étoffé. Dès la fin du XVIIIe siècle, avec la création de nombreux musées en Europe et l'avènement de la bourgeoisie, de nouveaux débouchés ont vu le jour. Ainsi, les salons de peinture ou encore les diverses expositions universelles ont contribué à donner plus de consistance à la renommée des artistes.

En 1850, le marché de l'art a subitement attiré de riches amateurs, qui ont joué un rôle majeur dans son développement. Un peu plus tard, en France, des marchands comme Durand-Ruel, Goupil, Wildenstein, puis Vollard, Kahnweiler et les frères Bernheim ont donné un nouvel élan au marché de l'art. À travers leurs initiatives, l'Impressionnisme a d'ailleurs trouvé d'intéressants débouchés. Et, dès la fin du XIXe siècle, c'est un véritable marché qui commence à se mettre en place à l'échelle mondiale. Parallèlement, les marchands se sont liés aux artistes par des contrats d'exclusivité et ont pu enfin trouver des appuis financiers auprès des banques tout en développant un réseau international de ventes.

Les structures de l'actuel marché de l'art ont ainsi posé leurs premiers jalons dès le premier tiers du XXe siècle. Le boom économique enregistré dans les pays occidentaux dans les années 1950-1970 est loin d'être étranger à ce développement du marché. Enfin, nous pouvons attribuer à la crise survenue au début de 1991, faisant suite à une folle période de spéculation sur les tableaux et les objets d'art, et surtout à une crise économique mondiale, une importante consolidation des structures du marché.

L'art aux enchères, la fin d'un monopole

À l'heure actuelle, on pense d'abord ventes publiques quand on parle de marché de l'art. Cela est tout à fait significatif d'un renversement du rapport de force entre les marchands et les vendeurs aux enchères, renversement intervenant dans un contexte d'internationalisation et de globalisation du marché de l'art.

La réforme des ventes aux enchères du 10 juillet 2000

Cette réforme a libéré le marché hexagonal en mettant un terme à 400 ans de monopole des commissaires-priseurs. Ceux-ci, véritables officiers ministériels, comme les notaires, étaient soumis à une série de contraintes d'ordre public. Désormais, le marché français des biens culturels s'ouvre aux *auctioneers*[1], aiguisant les convoitises des maisons de ventes étrangères.

Les premiers à bénéficier de cette libre compétition sont Sotheby's et Christie's qui s'emparent en moins de quatre mois de plus de 23 % du marché français en 2002, détrônant pour la première fois l'étude Tajan. Elles ont en effet mis sur pied une stratégie particulièrement compétitive, en mettant l'accent sur la qualité de l'expertise et des services avant et après vente. Et force est de constater depuis leur arrivée une hausse non négligeable de la qualité des œuvres proposées à la vente. C'est ainsi qu'en 2002, la première photographie du marché des ventes aux enchères suite à la réforme est la suivante : le marché se scinde en quatre parties : deux maisons anglo-saxonnes, Drouot et les autres maisons de ventes.

En effet, on peut constater que la tendance est aujourd'hui à la concentration : seule l'union peut faire face à un oligopole. Les

1. Commissaires priseurs anglo-saxons.

stratégies se profilent et la concurrence s'intensifie. L'initiative la plus spectaculaire est celle d'Artcurial qui réunit, avec le soutien financier du groupe Dassault et du promoteur monégasque Michel Pastor, les anciennes études Briest, Poulain et Le Fur. Ce regroupement a permis de multiplier les ventes prestigieuses et médiatiques. Fort de son poids et de son dynamisme, ce nouveau groupe pourrait rapidement devenir l'un des leaders du marché de l'art français. Nous pouvons citer un autre groupe généraliste, constitué par Pierre Bergé, ancien président d'Yves Saint-Laurent Haute Couture, qui fédère quatre commissaires-priseurs (Buffetaud, Chambre, Godeau et de Nicolay). En outre, avec sa nouvelle maison d'enchères Phillips de Pury & Luxembourg et le rachat de l'étude Tajan, le patron de LVMH, Bernard Arnault, s'attaque au duopole que forment l'anglais Christie's, propriété de son rival PPR depuis juin 1998, et l'américain Sotheby's, en difficultés financières : le nouvel ensemble prendrait la troisième place mondiale.

Zoom sur l'œuvre d'art en tant qu'investissement financier

Ainsi, aujourd'hui, les grandes maisons de vente ont su imposer une image d'objectivité et de professionnalisme, à laquelle est sensible un nouveau type de collectionneur, plus proche du milieux des affaires, animé par des objectifs moins philanthropiques que ses grands prédécesseurs, et donc plus sensible à des préoccupations de liquidité et de rentabilité à moyen et long terme. Voici quelques grandes tendances :

• **Des prix à la hausse.** Depuis mai 1996, le taux de rendement annuel moyen dégagé sur le segment de la peinture est de 6,82 %. En cette période d'incertitude économique, le marché de l'art fait figure de valeur refuge. L'œuvre d'art n'est bien évidemment pas un parfait substitut du titre financier, mais elle confère cependant à son détenteur la satisfaction du plaisir esthétique. À noter que les risques encourus sur le marché de l'art sont bien plus faibles à moyen terme que ceux pris par l'investisseur boursier. L'art est un investissement attirant pour les investisseurs fuyant autant que possible le facteur risque, et pour les collectionneurs avertis. En effet, la hausse naturelle de la demande, assortie d'une offre très peu élastique, conduit à une hausse des prix à moyen terme.

- **L'art à la portée de tous.** 88 % des œuvres d'art sont adjugées à moins de 10 000 euros. Le segment des estampes et des lithographies est idéal pour rentabiliser moins de 1 000 euros sur le marché de l'art. Depuis 1996, un portefeuille composé d'estampes achetées à moins de 1 000 euros rapporte en moyenne 16,5 % par an. À l'inverse, pour la peinture, plus une œuvre est chère, plus les chances de profit sont élevées à la revente. Pour une toile, la rentabilité est la plus forte pour les achats de peinture supérieurs à 100 000 euros. Ils rapportent en moyenne plus de 12 % par an depuis 1996.

- **L'absence de bulle spéculative.** Certains acteurs du marché peuvent redouter que la hausse des prix ne provienne d'un élan purement spéculatif. Pourtant, l'acheteur collectionneur, de plus en plus demandeur de qualité, assure la tenue du marché. En effet, plus de 36 % des œuvres proposées aux enchères sont ravalées. En 1998, le taux d'invendus n'était que de 25,6 %. Même si les prix grimpent, les experts n'en demeurent pas moins prudents. Aussi, les vendeurs trop gourmands, imposant des prix de réserve trop élevés, restent souvent sur leur faim. La leçon de 1990 semble porter ses fruits. La juste estimation et l'expertise préalable à la vente deviennent plus que jamais les deux garde-fous du marché.

Une nouvelle donne européenne

Quelques chiffres européens[1]

En France, on compte près de 450 maisons de ventes aux enchères et 13 700 revendeurs.

On évalue ce marché à environ 2,29 milliards d'euros (15 milliards de francs) pour ce qui concerne la peinture et le dessin. C'est-à-dire un peu moins d'une journée du volume d'affaires de la Bourse de Paris. En 1990, à l'apogée de la

1. Sources : Artprice.com, Kusin & company 2002, Beaux-Arts 2003.

spéculation dans ce secteur, l'économiste Philippe Simonnot estimait le marché des ventes aux enchères à 7,6 milliards d'euros (50 milliards de francs).

Le marché américain représente à lui seul environ la moitié du marché mondial des ventes publiques, celui du Royaume-Uni plus du quart et celui de la France moins de 10 %.

Cependant, il est à noter une nouvelle donne européenne.

Le marché de l'art européen compte quant à lui 24 500 sociétés, qui emploient 74 000 personnes.

Le chiffre d'affaires total en 2001 représente 12 milliards d'euros, ce qui équivaut à 45 % du chiffre d'affaires au niveau mondial.

Le plus important marché de l'art en Europe se situe au Royaume-Uni, avec 56 % des ventes, suivi par la France avec 16,8 %.

L'évolution des échanges extérieurs d'œuvres d'art est marquée par un déséquilibre croissant entre exportations et importations. En termes géographiques, cette évolution correspond à l'explosion des exportations à destination des États-Unis. En effet, une large majorité du commerce de l'art se réalise en dehors des frontières européennes, avec un total d'importations de 1,53 milliard d'euros et un montant des exportations de 1,81 milliard d'euros en 1999.

La balance en France entre le montant des exportations de biens culturels et celui des importations est de plusieurs milliards d'euros par an. Et les spécialistes estiment que ces quarante dernières années, la moitié du patrimoine culturel provenant de collections privées s'est envolée, phénomène inquiétant qui témoigne de l'appauvrissement de biens culturel de la France.

	CA	Commissaire priseur	Date	Thème de la vente
1	9 324 800 €	Sotheby's	21-22 mars 2002	Photo
2	3 341 700 €	Christie's	21 mars 2002	Dessin, gouache anciens
3	1 831 380 €	Loiseau-Schmitz-Digard	23 mars 2002	Dessin, porcelaine faïence, céramique, sculpture, peinture
4	1 261 300 €	Binoche	21 mars 2002	Peinture ancienne, objets d'art mobilier
5	1 252 870 €	Tajan	27 mars 2002	Sculpture, peinture moderne et impressionniste.

Les cinq premières ventes françaises du 1er trimestre 2002, classés selon leur CA réalisé aux enchères

En 2002, Drouot a perdu 11 % de parts de marché par rapport à l'année précédente, et ce, cumulé à une chute de 23,2 % de son chiffre d'affaires 2001. Aujourd'hui, l'hôtel George V pour Tajan et l'hôtel Marcel Dassault pour Artcurial-Briest sont préférés aux traditionnels sites de Drouot Richelieu et Drouot Montaigne, et nombreuses sont les maisons de ventes qui opèrent une réorganisation.

Après la tentative de prise de contrôle de l'hôtel des ventes de Drouot par des banquiers (Barclays Private Equity, puis Rothschild), les commissaires-priseurs parisiens, décidés à garder le contrôle de leur outil de travail, ont créé une société, Patrimoine, et acquis 100 % du capital de Drouot Holding.

	Janvier/Avril 2002		Janvier/Avril 2001	
	CA	Auctioneer	CA	Auctioneer
1	9 341 800 €	Sotheby's	6 217 781 €	Tajan
2	4 614 220 €	Tajan	4 497 364 €	Piasa
3	3 536 200 €	Christie's	2 911 188 €	Cornette de Saint-Cyr

.../...

	CA	Auctioneer	CA	Auctioneer
4	2 831 380 €	Loiseau-Schmitz-Digard	2 380 348 €	Briest
5	2 083 205 €	Artcurial-Briest	1 799 315 €	Mercier & Cie-Piasa
6	1 911 860 €	Piasa	1 724 948 €	Calmels-Chambre-Cohen
7	1 488 720 €	Pillon	1 422 009 €	Le Mouel
8	1 419 745 €	Boisgirard	1 191 522 €	Boisgirard
9	1 326 300 €	Binoche	1 125 878 €	Bailleul-Nentas
10	1 191 220 €	Cornette de Saint-Cyr	1 065 225 €	Chambelland-Giafferi Doutrebente

Classement des études de ventes aux enchères en fonction du CA réalisé sur les œuvres d'art (source Artprice.com)

Zoom sur les clés du succès des maisons anglo-saxonnes

Le dessin ancien et la photographie sont deux fiertés françaises. Ce sont d'ailleurs les deux thèmes choisis par Sotheby's et Christie's qui ont réalisé par ce biais les plus belles ventes de l'année 2002. À l'occasion du traditionnel salon du Dessin, Christie's en a profité pour organiser une vente sur le même thème. Concernant la photographie, avec des salons parisiens tels que Paris Photo, les maisons de ventes ont ainsi joui de multiples manifestations. Ces divers événements ont attiré à Paris, dans un même lieu, les collectionneurs les plus avertis. Il ne restait plus qu'aux maisons anglo-saxonnes à trouver un « appât », comme par exemple les œuvres sur papier de la collection Pierre de Charmant et les tirages de photogra-phies anciennes de la collection André Jammes. Suite à cela, vers le mois de juin 2002, pour la clôture de la saison avec les tableaux anciens et du XIXe, cette fois, les deux concur-rentes organisent sur deux jours deux ventes sur ce même thème. En effet, internationalisation et spécia-lisation sont deux termes très liés, et les ventes s'organisent désormais là où les maisons ont un avantage com-pétitif, c'est-à-dire directement sur le lieu de production. Ainsi, concer-nant les tableaux anciens et du XIXe, le lieu idéal était donc la France. Il peut paraître risqué d'organiser une vente sur le thème identique que celui de son concurrent direct à juste deux jours d'écart, cependant, les maisons tirent avantage de réunir le plus d'amateurs possibles au même moment, afin de multiplier les surenchères. C'est de la sorte qu'elles rythment les saisons par des thèmes successifs.

C'est pour contrer cette redoutable concurrence que les grandes maisons françaises ont adopté à leur tour de réelles stratégies marketing. Par exemple, Tajan et Piasa ont respectivement proposé le 24 et le 25 juin des ventes de tableaux anciens. Il faut pourtant spécifier que ces stratégies relèvent davantage de la connivence que de la compétition. Car la concentration de l'offre dans le monde des enchères se répercute inévitablement sur celle de la demande, d'où une élévation des prix et donc des profits.

La France en perte de vitesse sur le marché de l'art

▦ Une méconnaissance du processus d'internationalisation

Une des principales raisons de la perte de vitesse de la France sur le marché de l'art réside dans la totale incompréhension des opérateurs français du processus d'internationalisation de ce secteur. Comme le signale le sénateur Yann Gaillard, « *nos compatriotes ont exercé le métier de la vente aux enchères, les uns comme un artisanat, les autres comme une profession libérale, en tout cas, ni comme un commerce ni comme une activité de services* ». C'est pourtant ce que firent les maisons de ventes britanniques, jusqu'à dominer le commerce de l'art : elles proposèrent aux vendeurs une expertise haut de gamme, une garantie des prix, et négocièrent à la baisse leur commission, se rattrapant sur l'acheteur.

Les commissaires-priseurs français, dont le statut rigide leur interdisait ce genre de pratiques, n'ont pas pu, ni souvent voulu, lutter contre cette concurrence. Officiers ministériels et titulaires d'un monopole des ventes aux enchères publiques jusqu'alors (et depuis Henri II), ils ont assisté à la réforme de leur statut, qui s'aligne sur celui, bien plus commercial, des sociétés de ventes anglo-saxonnes, dont trois – Sotheby's, Christie's et Phillips – réalisent près de 95 % du volume des ventes internationales.

■ Faire face à la concurrence

Outre une ouverture du marché français aux opérateurs de la Communauté européenne, désirée par la Commission européenne, cette réforme entend donner aux commissaires-priseurs les moyens juridiques de concurrencer leurs homologues étrangers.

Les derniers temps qui l'ont précédée ont été marqués par des rapprochements et fusions, mettant en scène deux hommes d'affaires français : François Pinault (groupe PPR) propriétaire, *via* sa holding Artemis, de Christie's, qui a acquis l'étude parisienne Piasa (3e de France et devenue célèbre pour avoir réalisé la vente de la succession de Dora Maar), et Bernard Arnault, dont le groupe LVMH est majoritaire dans la société Phillips, qui a acheté le premier commissaire-priseur français, Tajan.

En 1999, Sotheby's a exporté pour plus de 137,2 millions d'euros (900 millions de francs) d'œuvres vers l'étranger. Christie's ne communique pas sur ses chiffres, mais le montant de ses exportations doit être à peu près équivalent. La réforme leur permettant de vendre en France est censée au contraire rééquilibrer la balance, pour éviter notamment la fuite du patrimoine français à l'étranger. Car, même si le marché de l'art est mondial, les ventes parisiennes ne portent pourtant que sur le mobilier, les arts décoratifs, les livres ou les arts primitifs ; les bijoux, moins taxés en Suisse, continuant de se vendre à Genève. Les tableaux modernes et contemporains, également soumis à des prélèvements dissuasifs en France, continuent de s'échanger à New York. C'est donc dans le but de protéger le patrimoine, que le

Sénat a adopté le 27 janvier 2000 une proposition de loi sur la protection des trésors nationaux pour remédier aux lacunes du contrôle des exportations d'œuvres d'art prévu par la loi de décembre 1992. La validité du certificat d'exportation est allongée : illimitée pour les biens vieux de plus de cent ans, et de vingt ans renouvelables pour les plus récents. En cas de litige, deux experts seront choisis pour estimer la valeur du bien sur le marché international. Si l'État désire l'œuvre, il devra l'acquérir à ce prix.

Zoom sur le rapport Quémin[1]

En juin 2001, le ministère des Affaires étrangères a reçu le rapport commandé au sociologue Alain Quemin, sur « le rôle des pays prescripteurs sur le marché et dans le monde de l'art contemporain », et plus particulièrement sur la place des artistes français contemporains sur la scène internationale.

Premier constat du sociologue : ces derniers ne tiennent plus aujourd'hui qu'un second rôle, et leur présence est très faible au sein des collections permanentes des grandes institutions culturelles internationales. De plus, le rapporteur constate que la France, en tant que pays d'expositions, ne se situe qu'en 4e place avec la Grande-Bretagne et l'Italie, très loin derrière l'Allemagne (1re) et les États-Unis (2e) et en retrait par rapport à la Suisse (3e).

Cependant, la présence des galeries françaises dans les foires et autres biennales reste importante. Mais force est de constater qu'elles présentent peu d'œuvres d'artistes français.

Le rapport souligne d'ailleurs le fait, quelque peu paradoxal il faut le reconnaître, que les galeries françaises, bien que souvent aidées par l'État, se sentent obligées d'exposer des artistes étrangers pour asseoir leur crédibilité : ainsi, un galeriste déclare : « *Quand j'ai ouvert la galerie, je voulais vendre la moitié d'artistes français et la moitié d'artistes étrangers, c'était une politique délibérée pour défendre les artistes français. De toute façon aujourd'hui, c'est clair, on est obligé d'avoir au moins la moitié d'étrangers. Mais, moi, j'en ai de plus en plus ; je dois être à 70 % d'étrangers*

1. Source : artcult.com

83

et 30 % de Français, non pas parce que je le veux, mais pour des raisons de marché. Certaines galeries françaises n'ont que deux ou trois artistes français sur vingt. »

Concernant les ventes publiques d'art contemporain, les Américains remportent la palme d'or, et ce avec plusieurs longueurs d'avance devant les Britanniques, les Allemands, les Italiens, les Suisses et les Japonais. Ainsi, le marché de l'art contemporain est dominé par les États-Unis. Il existe, en effet un axe New York/Berlin, notamment en matière de création.

Le rayonnement des artistes français est aujourd'hui quelque peu limité et faible, même en comparaison avec ce qu'il était dans les années soixante et soixante-dix.

De plus, ce constat est étayé par le fait que les artistes étrangers occupent une place très importante dans les acquisitions des différentes instances françaises chargées de soutenir la création contemporaine, telles que le Fonds national d'art contemporain (FNAC) ou les Frac. C'est ainsi que l'on constate que sur 432 artistes dont au moins une œuvre a été achetée par le FNAC au cours des exercices 1994, 1995 et 1996, plus du tiers sont étrangers et que parmi ceux-ci le poids des artistes américains est écrasant, ce pays représentant avec l'Allemagne, l'Italie, la Grande-Bretagne et la Suisse 60 % de l'ensemble.

L'auteur s'est en outre attaché à étudier la notoriété des artistes français à l'aide d'un indicateur, le Kunst Kompass, publié chaque année dans la revue allemande *Capital*. Les résultats parlent d'eux-mêmes : sur les 100 artistes les plus reconnus dans le monde en 2000, 33 sont Américains, 28 sont Allemands, 8 sont Britanniques et seulement 5 sont Français. Il s'agit de Christian Boltanski, Daniel Buren, Sophie Calle, Pierre Huygue et Dominique Gonzalez-Foerster.

La visibilité de l'art français dans les musées étrangers est donc plus que négligeable, notamment en ce qui concerne les artistes vivants. Alain Quemin note de plus que le soutien public va à un art qui n'a pas de marché et qui paraît prétentieux en dehors des frontières de l'Hexagone. On ne peut en effet que déplorer le peu de dynamisme de la demande intérieure.

Ses recommandations pour rendre la scène française plus visible sont ainsi de dynamiser le marché, par des galeries plus fortes, favoriser la collection d'entreprise ou personnelle, et permettre une plus grande mobilité vers l'étranger des œuvres qui sont en réserve dans les différentes institutions françaises. Il préconise aussi, pour éviter que la France ne s'isole d'avantage, d'attirer et d'accueillir des artistes étrangers en France.

Ainsi, le rayonnement de la France passe par sa culture et par les opérations qu'elle mène à l'étranger pour faire face au défi de la mondialisation mais il reste à savoir quel type de culture française il faut diffuser et comment développer efficacement les réseaux de coopération. En effet, ce rapport admet que l'intervention de l'État est dans certains cas contre-productive. Ce soutien à la création est qualifié de trop visible et serait pour certains suspect d'engendrer d'éternels assistés : « *Les artistes sont aidés dès leur naissance et jusqu'à leur mort : première exposition, trouver un atelier, aller à la FIAC, trouver un éditeur, se faire acheter une œuvre, monter une exposition à l'étranger... La France créé des assistés incapables d'affronter le marché international.* »[1]

D'autres circuits de distribution, moins prestigieux et très fragiles

Le problème des galeries d'art en France

▓ État des lieux

Plus de 1 000 galeries sont répertoriées avec, selon la Maison des artistes, un chiffre d'affaires qui est passé de 3 363 millions de francs en 1989 à 1 440 millions de francs en 1997. Ces chiffres révèlent leur grande fragilité et les difficultés qu'elles rencontrent pour assurer leur mission essentielle, la promotion d'artistes encore peu connus.

Un système d'aides financières a d'ailleurs été mis en place pour faciliter la présence des galeries et artistes français aux grandes foires internationales comme Bâle, Chicago et l'ARCO, afin de soutenir la création contemporaine française à l'étranger. On

1. Gilbert Brownstone, galeriste.

© Éditions d'Organisation

compte en effet plus de 700 salons, biennales ou expositions de groupes organisées en France. Ainsi, dans un environnement en pleine mutation touché par la mondialisation de l'art, l'avenir des galeries d'art et le rayonnement des artistes français sur la scène internationale passe par un renforcement du développement des échanges artistiques et commerciaux et par un repositionnement des galeries.

Zoom sur les galeries d'art contemporain[1]

Ces galeries sont les acteurs principaux pour la promotion de nouveaux artistes. Les évolutions récentes du marché permettent de mettre en évidence un mouvement de concentration, qui pourrait conduire à un oligopole à frange, c'est-à-dire une structure de marché dans laquelle un petit nombre de grosses organisations (le cœur de l'oligopole) domine le marché, tout en laissant exister une constellation de petites entreprises (la frange), souvent innovatrices mais fragiles financièrement. Cette structure de marché est dominante sur l'ensemble de l'activité culturelle. Il est possible de rapprocher l'économie et l'organisation des galeries à celles de petites PME, avec donc un faible CA, une subordination importante de l'organisation au dirigeant et surtout une fragilité face à un marché composé de très peu de clients, entraînant ainsi une forte dépendance. À noter de plus que l'absence de contrats écrits avec les artistes qu'elles soutiennent renforce cette vulnérabilité. Cependant, les galeries se distinguent des petites entreprises industrielles ou commerciales par leur grande ouverture à l'international.

En France, la réputation d'une galerie est liée à la capacité de discernement dont le directeur a su faire preuve par le passé, à son intuition et à son expérience. En moyenne, les galeries ont déclaré avoir réalisé 78 % de leurs ventes sur le premier marché (le premier concerne les œuvres vendues pour la première fois ; le second concerne toutes les ventes suivantes), 42 % n'opérant d'ailleurs que sur celui-ci. Et cela n'a rien d'étonnant ; en effet, les galeries suivent les artistes qu'elles soutiennent sur le long terme, tentant de garder la maîtrise de l'ensemble de la production, dans le but de bénéficier d'un

1. Source : DEP, n° 134, octobre 2000.

retour sur investissement dès lors que leurs artistes parviennent à une certaine notoriété. De plus, la crise du marché de l'art du début des années quatre-vingt-dix a provoqué la fermeture d'un nombre important de galeries et a plongé dans le déficit la majorité de celles qui ont survécu. À noter que les fluctuations conjoncturelles n'épargnent aucun type de galeries, qu'elles défendent un art d'avant-garde ou plus traditionnel. De plus, avec l'internationalisation des échanges, elles doivent de plus en plus être présentes à diverses manifestations internationales, très coûteuses. De même, avec l'évolution des formes de création et d'expression, elles doivent ici aussi intervenir en amont dans le financement même du processus de production des œuvres.

On constate une forte dépendance envers une poignée de collectionneurs. Les galeries réalisent les trois-quarts de leur CA auprès de collectionneurs privés, qui constituent même le débouché exclusif de plus d'un quart d'entre elles. En outre, contrairement à une idée répandue, les achats publics ne représentent qu'un apport marginal d'environ 10 %. Enfin, la faiblesse de la demande des entreprises (5 % des débouchés totaux) est flagrante : 60 % des galeries ne vendent rien aux entreprises.

Si l'on devait dresser une typologie des galeries françaises d'art contemporain, elle serait de quatre ordres. Le premier réunit les galeries défendant l'art figuratif. Elles ne participent pas souvent aux foires et représentent peu d'artistes étrangers. Le second groupe est constitué de jeunes galeries, fortement impliquées dans l'avant-garde internationale. Elles défendent de nouveaux artistes, souvent peu commerciaux, et survivent grâce à un soutien important des pouvoirs publics. Le troisième groupe réunit les galeries du second groupe dont le travail a été récompensé par le marché. Plus âgées et plus solides financièrement, elles sont moins dépendantes de l'aide publique. Elles ont enfin une place incontestée dans les grandes foires internationales. Puis, pour finir, le quatrième groupe rassemble les galeries les plus âgées, dont l'activité se partage entre le premier et le second marché et dont la situation financière est moins fragile.

La galerie d'aujourd'hui est souvent « producteur ». Jusqu'aux années quatre-vingt, la création artistique était relativement indépendante, les galeries n'intervenant qu'en aval de la création, en jouant le rôle d'intermédiaire entre les artistes et les collectionneurs. Cependant, depuis plus de 20 ans maintenant, les artistes deviennent de plus en plus dépendants de moyens financiers essentiels à la production de grandes pièces ou d'œuvres utilisant des techniques coûteuses (photographie, vidéo, installations…). C'est ainsi que la galerie devient productrice, ce qui ajoute une nouvelle barrière à l'entrée de ce marché : le besoin de capitaux. En outre, les évolutions esthétiques modifient les conditions de valorisation des œuvres. En effet, les performances et les installations s'apparentent à des prestations de service dont la rémunération peut difficilement prendre la forme d'une acquisition, d'autant que la mise en scène des œuvres et la façon dont elles vont à la rencontre du public font parfois partie de la création elle-même : l'artiste offre une représentation, plus seulement un objet d'art. Ainsi, les mécanismes du marché de l'art sont aujourd'hui quelque peu inadaptés pour rémunérer les artistes et les galeries.

De plus, la mondialisation des échanges engendre un accroissement des coûts de promotion des artistes. En effet, plusieurs villes aujourd'hui se partagent le leadership : Londres, Paris, New York, mais aussi Cologne et Zurich. Le développement des grandes foires internationales, mais aussi le coût élevé qu'elles proposent pour un stand poussent les galeries à un important effort financier. Par exemple, pour être présent à la foire de Bâle, qui jouit d'une très bonne réputation, la location d'un stand de 60 m^2 s'élève à environ 10 700 euros, auxquels il faut ajouter les frais de transport, d'assurances et de logement, ce qui nous amène à un budget de près de 22 867 euros.

Enfin, l'arrivée des sociétés de vente aux enchères telles que Sotheby's ou Christie's sur le marché de l'art contemporain représente une véritable concurrence pour les galeries. Dotées de moyens financiers considérables, elles ont mis au point une stratégie offensive, et ce en réorganisant leurs départements « art contemporain » et en embauchant des spécialistes du secteur, notamment issus du monde des galeries. Elles ont soutenu des expositions importantes. Christie's a ainsi participé au financement de l'exposition Sensation (collection Saatchi) au Brooklyn Museum de New York en 1999. Elles ont de plus acquis des fonds de galeries, ou du moins pris des participations dans des galeries. Quant à Sotheby's, elle rachète la galerie Emmerich à New York, organise une *joint venture* avec Jeffrey Deitch, ce qui lui a permis d'être présente en matière de production et de réalisation de projets, et ce dans l'objectif d'une présence sur les marché internationaux et d'une plus grande visibilité de ses artistes. Ainsi, cette tendance à la concentration qui s'ébauche sur le marché de l'art et des galeries constitue un terrain propice à la constitution d'ententes et de coalitions, concernant les prix ou les taux de commissions, réduisant encore plus le nombre d'acteurs.

Signalons enfin que les dispositions juridiques et fiscales concernant l'art contemporain ne font rien pour réduire le risque qui définit ce marché. Tout d'abord car la spécificité de l'art contemporain, de même que celles des galeries qui en font la promotion, sont rarement prises en comptes dans les différents rapports, qui font majoritairement référence au marché de l'art ancien et des ventes aux enchères. Ainsi, l'État, dont l'objectif devrait être la réduction de l'incertitude qui règne sur ce marché de l'art contemporain, ne fait qu'y contribuer, par ses nombreuses hésitations.

	Madrid	Paris	Cologne	Bâle	Chicago	Bruxelles
Date de création	1982	1974	1966	1970	1992	1967
Nombre de galeries en 1998	204	180	264	310	200	118
Nombre de visiteurs en 1999	166 000	80 000	70 000	52 000	37 000	13 000

Les grandes foires d'art contemporain

■ Quelques mots sur les antiquaires et brocanteurs[1]

Les antiquaires et les marchands de tableaux procèdent à des ventes « de gré à gré » et ont, pour ce faire, la qualité de commerçant. Dès l'instant où ils ont pour activité « la vente ou l'échange d'objets mobiliers usagés ou acquis de personnes autres que celles qui les fabriquent ou en font le commerce », ils sont soumis aux dispositions de la loi du 30 novembre 1987 qui prévoit l'obligation d'une inscription à la préfecture et la tenue d'un registre spécial dit « Livre de police ».

En France concernant le nombre d'antiquaires et de brocanteurs, on avance le chiffre de 15 000 professionnels régulièrement inscrits au RCS, mais il existerait cependant 25 000 professionnels non déclarés.

1. Données Insee.

Les friches industrielles, nouveaux lieux d'exposition d'un art pluridisciplinaire[1]

Il existe en France plus de 400 lieux intermédiaires qui programment des expositions, en dehors des traditionnels galeries et musées. Ce sont des châteaux, abbayes, chapelles, prieurés, moulins, fondations... qui se caractérisent par l'originalité de leur histoire et la diversité de leur architecture.

De plus, beaucoup d'artistes ne se sentent pas à l'aise avec l'espace parfois rigide des galeries, avec leur mode de sélection trop élitiste au goût de certains. C'est ainsi que des collectifs d'artistes, inspirés par la vague d'expériences menées en Europe du Nord dans les années soixante-dix, ont investi des lieux non culturels tels que des anciennes usines ou des anciens appartements. Ces nouveaux lieux permettent de regrouper la production et la diffusion de l'art en un seul et même lieu.

Ainsi, les lieux privés (usines, appartements) ou rendus publics (friches industrielles, squats) ont été investis par des artistes pour exposer leurs œuvres en dehors du circuits habituel des musées et galeries. En 2001, le rapport ministériel de Fabrice Lextrait, « Une nouvelle époque culturelle », fait état de plus de trente friches industrielles reconverties en centres artistiques, dont la moitié à l'initiative des artistes eux-mêmes. Les collectivités locales, très impliquées, aident quant à elles au financement de ces structures, qui peuvent employer jusqu'à trente personnes.

Mais pourquoi un tel engouement ? Selon F. Lextrait, ces lieux ont été créés à l'initiative d'artistes refusant la présence de leurs œuvres dans le circuit habituel de la commercialisation de l'art, les galeries ou les foires. Ces mêmes artistes, sans pour autant avoir une idéologie contestataire du système, refusent la canni-

---

1. Source : *Beaux-Arts Magazine*, 2002.

balisation de l'art par l'argent. La création de lieux alternatifs, nouveaux espaces publics ouverts à tous sans discrimination leur a donc semblé être la réponse idéale pour être en accord avec leur point de vue. D'ailleurs, ces espaces se veulent être « *des espaces de débats, sur les questions de la société et suscitent les frottements, les rencontres. Il ne s'agit pas dans ce contexte de convoquer les artistes pour réduire la fracture sociale, mais d'inventer ce que Bernard Lubat (musicien) appelle l'espace du "poiélitique"* », explique F. Lextrait. Le spectateur est alors invité à vivre une expérience que le cloisonnement des lieux d'exposition et de création rendait jusqu'alors impossible. Le public peut ainsi voir l'artiste en plein acte de création, ce dernier se transformant alors en véritable spectacle vivant.

À noter

Ces nouveaux lieux d'exposition ne se situent pas uniquement dans les grandes villes. En effet, nous sommes dans l'ère de la décentralisation culturelle, avec donc la création d'actions locales. De plus, la crise économique laisse à l'abandon de nombreux espaces industriels à la périphérie des villes. Néanmoins, il faut bien souligner que c'est la ville qui est l'espace le plus fréquemment investi. Nous pouvons citer par exemple la friche de Belle-de-mai à Marseille, le Brise-Glace ou le 102 à Grenoble, le Mix'art à Toulouse... Ces nouveaux lieux cherchent en fait à réunir en leur sein des populations séparées géographiquement par quartiers, avec pour objectif une reconfiguration de la ville.

Enfin, il est vrai que les friches industrielles sont en opposition avec la conception élitiste de l'art. Tout d'abord car l'artiste, dans la création, n'est plus isolé, il travaille avec à ses côtés des danseurs, musiciens, sculpteurs et comédiens. Ensuite, car le secret du « génie » artistique est dévoilé au public, entraînant ainsi un processus de désacralisation de l'artiste aux yeux de celui-ci, l'artiste devenant beaucoup plus accessible, de même que son œuvre. Nous pouvons terminer en disant que ces nouveaux lieux font sortir l'art du carcan dans lequel il est enfermé, et permettent de rapprocher l'artiste du public et de ses pairs.

Zoom sur deux friches industrielles

Nous allons étudier le cas des friches de Mains d'œuvres à Saint-Ouen, dirigée par Fazette Bordage, et de la Laiterie de Strasbourg, gérée par Jean Hurstel. Ces friches industrielles sont des usines laissées à l'abandon puis reconverties en lieu culturel. Dans les deux cas, la municipalité, propriétaire des murs, a confié à des associations la mission de développer des activités culturelles dans ces quartiers plutôt défavorisés, où la démocratisation culturelle reste un concept abstrait. Cependant, la friche de Saint-Ouen reçoit « *essentiellement la visite de parisiens, et pour les habitants de Saint-Ouen, le lieu est perçu comme un lieu branché, pas si ouvert que ça* », explique la responsable de la communication de Mains d'œuvres. Cette ancienne usine de l'équipementier automobile Valéo, de 4 000 m², est un formidable lieu de travail, avec des ateliers de danse hip-hop, la réalisation d'un CD-Rom avec les écoliers de l'établissement scolaire voisin.

À Strasbourg, on pousse la démarche encore plus loin. La population, dans la majorité d'origine turque, maghrébine et afri-caine, est très impliquée dans le processus de création artistique. La Laiterie s'inspire donc du principe des associations de quartier pour monter des spectacles, comme par exemple une pièce de théâtre confrontant les traditions alsaciennes aux coutumes turques. Le public devient « spect'acteur » de l'art.

À Saint-Ouen, on travaille beaucoup aussi sur l'effacement des frontières « artistes-public ». Dans cette optique a eu lieu l'exposition Tactiles, qui met en scène des installations interactives rappelant que le public fait partie intégrante du spectacle.

La plupart des friches logent aussi les artistes, moyennant l'acquittement d'un modique loyer, et certaines pièces sont transformées en studio de répétition ou ateliers. Enfin, le métissage artistique est mis en avant et se côtoient ainsi musiciens, plasticiens, danseurs et chorégraphes. Pour Fazette Bordage, Mains d'œuvres est l'inverse de « rien n'est possible » en « tout est possible ».

L'art sur internet : une dynamique en devenir ?[1]

S'informer, vendre, créer... le monde de l'art ne peut plus ignorer internet. Art et internet résument à eux seuls certaines mutations de l'image, du son et de l'art. D'ailleurs, le phénomène s'était déjà amorcé dans les années soixante-dix par l'accès des artistes à la vidéo, alors inaccessible en termes financiers ou techniques. Aujourd'hui, nombreux sont les artistes qui ont investi dans du matériel haute technologie pour montrer qui ils sont et pouvoir comparer leur travail en échangeant leurs expériences à distance avec d'autres. C'est ainsi que communiquer par internet est devenu un nouveau pan de la création. Parfait melting-pot de la mutation du regard constatée dans l'art actuel, internet se révèle être un excellent indicateur des transformations de l'ensemble du monde l'art.

S'informer et explorer : musées, galeries... tout sur internet

Les sites consacrés à l'art sont chaque jour plus nombreux. Nous pouvons citer à titre d'exemple Artnetweb, World Wide Art Ressources, ou encore plusieurs portails spécialisés tels que Videomuseum, ICOM et la médiathèque du musée d'Art contemporain de Montréal, qui propose à elle seule plus de 2 300 liens avec des sites sur l'art contemporain, sans oublier le site du ministère de la Culture.

1. Source : *Beaux-Arts Magazine.*

Sites internet

Artnetweb : www.arnetweb.com

World Wide Art Ressources : www.wwar.com

Videomuseum : www.videomuseum.fr

ICOM : www.icom.org

La médiathèque du musée d'Art contemporain de Montréal : www.media.macm.qc.ca

Le ministère de la Culture : www.culture.gouv.fr/culture/aut-serv/art.htm

Force est de constater que la richesse du contenu des sites est fortement liée à l'effort financier accordé, notamment concernant leur conception et une régulière mise à jour, le terme de multimédia impliquant, par définition, l'utilisation de différents médias, comme le son, la vidéo ou les liens hypertextes.

À noter

Les grosses structures muséales se sont dernièrement dotées de sites à leur mesure, pour informer le public sur leurs collections, ou plus simplement pour indiquer les horaires d'accès (Site du MOMA, du Louvre, du Metropol Museum de New York). Cette présence sur le net a pour objectif d'accroître autant que possible leur notoriété. Un formidable exemple pour illustrer ces dires : le site de la fondation Cartier, un des meilleurs sites francophones. On peut y trouver les images filmées de vernissages, un programme éducatif de Radi designers et d'Alain Séchas, de même que des œuvres virtuelles.

De nombreux sites profitent du net pour commercialiser en ligne leurs produits, ou même leurs billets d'entrée. À ce propos, la Tate Modern à Londres a mis en ligne l'inventaire de sa collection sous forme d'une base de données, entreprise qui coûte fort cher, mais d'une grande utilité pour les chercheurs et étudiants.

En outre, des musées virtuels, créés par des personnes privées ou des institutions, voient le jour et rassemblent des œuvres de diverses provenances autour de thèmes ou d'artistes, comme Léonard de Vinci ou Picasso. De même, Version Originale est l'un des premiers sites francophones d'exposition virtuelle. Ce site a été créé en 1997 par le musée d'Art contemporain de Lyon et regroupe aujourd'hui les créations de 25 artistes plasticiens.

À noter

Un nombre croissant d'institutions mettent en ligne des projets créés pour internet, véritable nouveau média pour la jeune génération d'artistes. Par exemple, le MOMA développe un projet d'exposition en ligne d'artistes et offre la possibilité de créer des œuvres. Puis, à leur suite, certains lieux indépendants se sont intéressés au mouvement. Nous pouvons citer le Métafort, centre d'art et de nouvelles technologies d'Aubervilliers, le CICV Pierre Schaeffer à Montbéliard ou encore le centre d'art et de technologie des médias ZKM. C'est ainsi que de nouveaux espaces de communication voient le jour régulièrement, permettant à l'internaute d'approfondir certains thèmes, ou de débattre de ses sujets favoris.

Il existe aussi des magazines en ligne, peu nombreux, d'origine institutionnelle, pour des raisons financières évidentes. Citons Tr@verses et Synesthésie du Métafort, qui croise textes critiques et théoriques avec des actions artistiques en ligne. Chez les indépendants, les principaux sont le www.crash.fr, le www.rhizome.org ou encore le www.nart.fr. Ce dernier diffuse d'ailleurs en version vidéo ou texte six nouvelles rubriques hebdomadaires et était présent à la Fiac, à Paris Photo et au Pavillon des antiquaires.

Sites internet

Version Originale : www.lyon-city.org/mac-vo

Tr@verses : www.centrepompidou.fr/traverses

UAS : www.united-art-space.com

Magasines indépendants : www.crash.fr

www.rhizome.org

www.nart.fr

Cependant, les exemples cités font encore office d'exceptions, les responsables d'institutions culturelles n'ayant pas pour l'instant encore pris conscience des potentialités formidables du web.

Zoom sur United Art Space

Fondé par Jean-Marc Avrilla, l'UAS est un lieu hybride, dont la principale vitrine est sur le web. Fort de son expérience de l'installation, l'objectif de cet ancien responsable de la Galerie des objets au CAPC de Bordeaux, est de renouveler la manière d'exposer et de communiquer concernant l'art contemporain. Pour ce faire, le site internet n'est pas qu'un lieu virtuel et alternatif, c'est un véritable prolongement de lieux réels où échange et confrontation sont les mots d'ordre. En tant que projet global, il intègre plusieurs filières traditionnelles de médiatisation de l'art et il est de plus accessible à tous *via* la micro informatique et le software. En outre, c'est aussi une société prestataire de services en ligne, une plateforme d'édition de livres et de jeux vidéos d'artistes.

Site internet

UAS : www.united-art-space.com

Créer et inventer : internet, un nouveau média pour les artistes et une nouvelle forme d'art

Depuis ses débuts, internet attire de nombreux artistes, poussés par le désir d'expérimenter à travers ce « flou artistique », sans limites ni lois définies. Et très tôt, vers 1993, apparaissent déjà des projets expérimentaux d'étudiants américains. Depuis plus de cinq ans maintenant, le plus gros de la production artistique en ligne forme un ensemble : on parle « d'art en ligne », de « web art », faute de repères. Il est en effet fort complexe d'appliquer des critères de lecture. Les pionniers de cette nouvelle production artistique, s'ils ont souvent une formation artistique, viennent d'univers divers et variés : architectes, plasticiens, musiciens ou *performers*. Chacun apporte une dynamique qui lui est propre.

À noter

Le cinéma est une forme de création artistique qui se développe de façon étonnante sur le net. En outre, certains projets s'inspirent d'œuvres littéraires, tels que le Highrise d'Isabel Chang, adapté du roman de l'écrivain anglais J.G. Ballard.

Site internet
Highrise : www.doxa.net/highrise

Enfin, grâce à la Fondation Soros, qui s'est investie très tôt dans l'équipement informatique, de nombreux artistes d'Europe de l'Est ont bénéficié de son soutien financier et logistique et pu ainsi participer à la révolution de l'information.

Zoom sur le Walker Art Center de Minneapolis

Art Entertainment Network est le plus récent projet du Walker Art Center de Minneapolis, un des musées les plus engagés dans la promotion et la collection d'œuvres en ligne. Créé à l'occasion de l'exposition *Lets Entertain*, qui a ouvert ses portes à la mi-février 2002, le site regroupe une sélection thématique de l'essentiel de la création artistique en ligne à ce jour. On peut y trouver des liens vers des sites ou projets de performances, radios, *software* d'artistes, ainsi que vers des projets plus visuels. Conçu pour être un portail culturel, l'ordre des liens est actualisé à chaque téléchargement. À noter que la réalisation de l'interface est signée Vivian Selbo, une artiste pionnière d'inter-net qui vient de terminer en parallèle un nouveau projet pour la galerie virtuelle du musée.

Site internet

Art Entertainment Network : www.aen.walkerart.org

Acheter et vendre : un marché qui s'emballe

Depuis quelques années, internet et le marché de l'art traditionnel flirtent ensemble. En janvier 1999, Sotheby's annonçait qu'il consacrait 170 MF à la mise en place de ventes aux enchères sur le net. Cinq mois plus tard, Ebay, le géant de la vente aux enchères *on-line*, achetait pour 1,7 milliard de francs d'actions de Butterfield & Butterfield, maison de ventes aux enchères de San Francisco, et Amazon, leader mondial de la librairie en ligne, investissait 300 MF en échange d'un partenariat de six ans avec Sotheby's en vue de la création d'un site commun. Ebay, créé en 1995, a démontré la fiabilité des ventes aux enchères en ligne, et a ainsi joué un rôle de catalyseur majeur. Les chiffres parlent d'eux-mêmes : en septembre 1998, lors de son introduction en Bourse, et la fin de la même année, l'action d'Ebay est passée de 120 F à près de 2 000 F. Il en va de même pour Sotheby's : le 19 janvier 1999, quand la maison a annoncé son plan d'actions sur internet, son cours a bondi de plus de 30 %. Mais Sotheby's ne fut pas le premier à se lancer dans cette grande aventure. D'autres l'ont précédé, comme Artnet à New York, qui, après avoir tissé un vaste réseau de sites de galeries en ligne offrant des œuvres à prix fixe (près de 800 aujourd'hui), est passé aux ventes aux enchères en ligne dès mars 1999. À sa suite, en l'espace de quelques semaines, Wolf, maison de ventes de Cleveland, a totalement renoncé aux enchères traditionnelles pour ne plus fonctionner que sur internet. C'est ainsi qu'à la mi-avril, ewolfs.com était lancé et, dès sa première vente sur internet, une toile de l'Américain James E. Butterworth partait à 1,20 MF, plus du double de son estimation.

À noter

Contrairement à Ebay et à la majorité des sites de ventes aux enchères en ligne, Sotheby's a choisi d'impliquer les professionnels. Moyennant un contrat d'exclusivité, il leur est possible de vendre, sur son site et sans frais, des objets de leurs stocks. Comme le souligne Mike May, analyste du commerce en ligne, « *sa grande habileté a été d'intervenir rapidement et de s'être rapproché à autant de marchands. Sa manœuvre a empêché Christie's de copier sa stratégie* ».

Christie's, compagnie privée depuis son rachat en 1998 par le groupe PPR, a donc décidé de réviser son projet initial de ventes aux enchères en ligne de faible valeur. À la place, elle prévoit de mettre sur internet tous les catalogues de ses ventes traditionnelles, en organisant juste quelques ventes événements en ligne, comme les objets de Marilyn Monroe et la collection d'Eric Clapton. Pendant ce temps, Sotheby's dépensait 260 MF pour mettre en place Sothebys.amazon.com, lancé en novembre 1999, et Sothebys.com lancé quelques mois plus tard.

Bernard Arnault, président de LVMH, rival de PPR, prépare quant à lui son entrée avec le rachat du britannique Philipps et de l'étude Tajan, membre d'International Auctioneers.

Au fur et à mesure que le commerce d'art en ligne passe de la théorie à la réalité, se pose la question de la rentabilité et de la viabilité de ces nombreux sites. Les consommateurs n'ont pas jusqu'à présent manifesté le désir d'acquérir une œuvre sur internet à un prix très onéreux. Force est de constater que les ventes aux enchères sur le net, y compris celles de Sotheby's, sont dérisoires et sans commune mesure avec les investissements réalisés.

Sites internet

Sotheby's : sothebys.com
Amazon associé à Sotheby's : sothebys.amazon.com
Wolf : ewolfs.com

Conclusion

Alors que la culture se réfugiait dans son génie et ses lettres de noblesse, le rayonnement de la France à l'étranger est au plus bas. Le rapport Quemin ne fait hélas que confirmer ces dires. En effet, il devient urgent de défendre les artistes et de les promouvoir à travers le monde. Cette mission incombe autant aux mécènes privés qu'aux entreprises, avec la création, par exemple, de sites de production, de prix, d'expositions ou de festivals...

Peut-on se poser la question de l'ouverture à de nouveaux partenaires, éditeurs et diffuseurs d'art, pour une diversification des circuits de distribution et une meilleure adaptation à l'évolution des marchés ? L'entreprise n'aurait-elle pas à y gagner dans certains cas, par exemple par l'acquisition d'œuvres d'art, la création de fonds communs de placement ou le soutien d'artistes sur la scène internationale par le biais d'expositions. On rejoint ici les notions de l'entreprise citoyenne et responsable de la Cité qui tend vers le Bien, le Beau, et le Vrai.

Deuxième partie

La place de l'art dans les médias et dans la communication, un enjeu majeur du XXIe siècle

Aujourd'hui les entreprises et les médias se doivent d'être porteurs d'un nouveau discours. Un discours culturel en réponse à une société en quête de sens et de valeurs, qui a besoin d'art et qui sans art se désincarne.

Les entreprises ont tout à gagner à rechercher leur supplément d'âme dans un contexte où la confiance des consommateurs et des investisseurs s'est dégradée. Après les années sport, les années culture retrouvent leur place.

L'art sous toutes ses formes (peinture, sculpture, architecture, musique, cinéma...) permet à l'entreprise d'enrichir son discours, tant au niveau interne (elle recrée ainsi une fierté d'appartenance pour ses salariés) qu'au niveau externe (engagement des consommateurs, fournisseurs et actionnaires en faveur d'une entreprise responsable).

L'art est rassembleur, il se doit d'être accessible au plus grand nombre et il valorise l'image de l'entreprise.

Chapitre 3
L'art, un moyen d'expression au service de l'Homme

L'art thérapie, plus qu'un phénomène de mode[1]

De plus en plus présente depuis plus d'une dizaine d'années, l'art thérapie suscite un intérêt grandissant dans le monde. D'ailleurs, aux USA et en Angleterre, elle est devenue une profession reconnue. Mais qu'est-ce exactement que l'art thérapie ?

C'est l'utilisation de l'art et de la créativité comme outils thérapeutiques d'aide pour certains troubles psychologiques ou psychosomatiques. Contrairement à une psychothérapie ou psychanalyse, l'art thérapie n'est pas axée sur l'usage et l'importance de la parole, ce qui la rend particulièrement intéressante en cas de difficultés à parler ou à raconter.

---

1. Sources : *L'Art thérapie. Pratiques, techniques et concepts,* de Jean Rodriguez et Geoffroy Troll ; *L'art thérapie, médiation créatrice,* de Michel Barberis Blanchi et Michel Delage ; l'Inecat et HS *Sciences Humaines* n° 37, 2002.

▨ Un peu d'histoire

Cependant, le lien entre l'art et la thérapie est loin d'être récent. En effet, les bienfaits de l'art sont célébrés dès l'Antiquité, étant considéré à l'époque comme apaisant l'esprit. Les Grecs utilisaient la musique et le théâtre pour leurs vertus curatives. Puis, au XIXe siècle, l'activité artistique commença à intégrer l'univers de certains hôpitaux psychiatriques, sans que l'on s'intéresse toutefois à son potentiel thérapeutique. Le but n'était alors que de distraire les aliénés. En 1872, Ambroise Tardieu, dans *Étude médico-légale de la folie*, présente un dessin d'aliéné et évoque le caractère extraordinaire de cette œuvre, en tentant de trouver des correspondances entre une pathologie mentale et la nature de la production artistique.

Comme le souligne Jean-Pierre Klein[1], directeur de l'Institut national d'expression, de création, d'art et de thérapie (Inecat), la première personne à avoir évoqué l'art thérapie n'était pas un psychologue, comme on pourrait s'y attendre, mais un peintre, Adrian Hill. Ce dernier, pour soigner sa tuberculose, se rend en 1938 dans un sanatorium et dessine dans sa chambre les objets de son environnement. En 1945, il décrit dans son livre *L'art contre la maladie*, une histoire d'art thérapie, ses positions sur le sujet. Une des règles énoncées est de « ne pas copier » pour se laisser aller à « une flânerie » avec un crayon et du papier. Puis, dans les années cinquante, ont lieu de nombreuses manifestations qui exposent « l'art psychopathologique » des malades mentaux. Et en 1964 est créée la Société française de psychopathologie de l'expression.

---

1. Dans « L'art thérapie est-elle un mouvement artistique ? », *Artension*, n° 4, mars/avril 2002.

▓ Une thérapie originale

Voilà pour la petite histoire, mais penchons nous plus avant sur ce qu'est l'art thérapie. Donc, cette thérapie originale a une double composante : artistique et thérapeutique. La pratique d'un art permet aux sens, aux émotions, à la sensibilité de s'exprimer, d'évacuer des blocages et de s'épanouir, en laissant jaillir sa propre créativité. L'œuvre artistique n'est pas le but à atteindre, il ne s'agit pas de se mettre au service de l'art, d'en respecter les contraintes et les règles, mais à l'inverse d'utiliser l'art comme moyen d'expression, de valorisation personnelle, d'épanouissement. Dégagé de toute autocensure, on apprend à cultiver le lâcher prise pour faire jaillir sa créativité. Il s'agit d'aller à la rencontre de soi-même…

L'art thérapie repose sur l'utilisation de tous les médias artistiques (peinture, collages, musique, théâtre, danse, sculpture, photographie), pour mobiliser un autre langage que le langage verbal. Par ce biais, ce sont la création et ses conditions d'émergence qui « parlent » à la place du patient. Pour J.-P. Klein, « l'art thérapie met une distance entre l'investigation en direct sur soi-même et l'inexprimable pour que justement puisse se figurer ce qui ne peut se dire trop crûment ».

À noter

Le choix du média artistique utilisé lors de la thérapie est d'une grande importance. Le thérapeute tente de prendre en compte différents facteurs : quel rapport entretient le patient avec son corps ou encore avec son imaginaire ? Le choix ne se portera pas sur un média avec lequel le patient est trop familiarisé. En effet, ce dernier doit être surpris par ce qu'il produit, s'en étonner, critiquer : l'objet créé n'est pas une œuvre d'art en tant que telle, car d'autres dimensions que les seuls critères esthétiques sont prises en compte, comme les intentions et le cheminement de son auteur. Plusieurs médias sont donc couramment utilisés :

- L'expression plastique est la plus couramment utilisée dans les ateliers d'art thérapie, aussi bien le dessin, la peinture que le modelage, la sculpture ou même le collage.

- Une autre modalité artistique est la musique. La musicothérapie utilise principalement deux méthodes : l'une dite « active » et l'autre définie comme « réceptive ». Si cette dernière revient à écouter des morceaux musicaux, la méthode active permet au patient d'improviser des compositions pour traduire ses émotions. Le chant est utilisé pour ses vertus euphorisantes. Pratiqué en groupe, il peut aussi être un outil d'intégration.

- Quant au théâtre, important vecteur d'expression émotionnelle, il permet, sur une base d'improvisation, d'endosser plusieurs rôles différents et ainsi d'explorer divers aspects de sa personnalité.

L'art thérapie peut se pratiquer avec des enfants, des jeunes, des adultes. Dans la mesure où elle développe créativité, confiance en soi et certaines aptitudes ou dons artistiques, elle est également un riche outil de développement personnel. D'ailleurs, en entreprise, elle est utilisée pour permettre le développement de la créativité auprès des salariés.

Ainsi, les quatre piliers fondamentaux de ce type de thérapie sont la créativité, l'expression, l'émotion et la communication.

Zoom sur l'art à l'hôpital

L'art, surtout aux États-Unis, est aujourd'hui considéré comme un élément pouvant jouer un rôle essentiel dans la santé et le bien-être des patients. L'hôpital de Stanford a d'ailleurs dirigé des séminaires afin de mettre en place des thérapies plus attrayantes : « *Les directeurs d'hôpitaux, les médecins et patients ont découvert qu'intégrer l'art à l'environnement hospitalier pouvait aider les malades à combattre leurs maux plus efficacement, voire à guérir plus rapidement. Cette guérison par l'art peut commencer en regardant les tableaux décorant les murs. On peut ainsi apaiser l'inquiétude occasionnée par l'attente d'un diagnostic, d'un traitement ou d'une opération »*, rappelle le docteur Sigman. À titre d'exemple, les images de paysages verdoyants, contrairement aux scènes urbaines, ont un impact très positif sur la manière dont les patients d'un service de cancérologie combattent leur maladie. L'influence de ces images peut même diminuer leur vulnérabilité à la douleur.

L'art dans l'entreprise : un facteur de ressources humaines sous exploité

Depuis le milieu des années quatre-vingt-dix, on note au sein des entreprises un changement radical dans la conception du management. Cette évolution est tournée vers la découverte des richesses de l'individu, au niveau de sa créativité, de son intuition, de sa capacité d'écoute et de sa concentration. Mais comment découvrir ces richesses ? Il fallait s'y attendre, la réponse est bien évidemment… par l'art. En effet, on ne peut que constater la réflexion sur la communication, notamment interne, entraînée par le phénomène artistique. Ainsi, encore trop peu utilisé, l'art dans l'entreprise, par son approche pluridimensionnelle avec l'homme, engendre une communication complète et d'une puissance incroyable.

▨ Des conférences sur le management et la musique

Prenons pour illustrer ces dires le cas d'une entreprise, Dominante, ayant une activité de conseil, de conception, et d'élaboration d'actions de communication. Son idée de départ est la suivante : L'art est né de la nécessité de communiquer. Un de ses deux dirigeants, Philippe Fournier, a développé plusieurs réflexions mettant en parallèle son métier de chef d'orchestre et le métier de manager.

Pour faire entrer l'art dans l'entreprise, il propose donc des journées de formation et de conférence aux entreprises. Par exemple, lors d'une conférence sur le management et la musique, après une brève présentation de l'environnement sonore, des personnes du public sont invitées à venir diriger un orchestre. Pour le diriger avec succès, elles doivent faire preuve de capacités à communiquer et à manager. Chaque expérience est analysée et commentée. Des points tels que l'écoute, l'échange d'énergie, les différences entre communication verbale et non verbale sont mis en exergue. Concernant la notion d'écoute, capitale en entreprise pour que l'information circule correctement et qu'une réelle communication s'établisse entre les salariés et la hiérarchie, l'objectif de cette conférence est de mettre en évidence les divers types d'écoute et d'attention à travers plusieurs mises en situation (en jouant du piano, en chantant). La base de ce travail permet de mieux comprendre l'impact des messages qu'on envoie. Cette conférence doit conduire à une remise en cause des auditeurs, sur leur façon de s'exprimer, de communiquer, de se comporter.

Ainsi, l'originalité de ces conférences est de permettre à l'auditeur de se déconnecter du contexte de l'entreprise et de le faire réagir sur un environnement inconnu, la musique. L'objectif est de sensibiliser l'individu pour qu'il se remette en cause par le biais d'une approche différente.

■ L'art contemporain comme levier de réflexion, d'échange et de pratique

Nous pouvons aussi aborder l'exemple de l'inspection académique du Bas-Rhin, qui ouvre son administration à l'art contemporain. Ainsi, dans le cadre de sa modernisation, deux enquêtes furent menées en 2002, et ce auprès des bénéficiaires de cette administration (enseignants, chefs d'établissements, partenaires...) et du personnel. Au vu des résultats de cette étude, l'inspection a constaté que les bénéficiaires ressentaient l'administration comme lointaine et terne. Quant au personnel, s'il trouvait les services agréables mais cloisonnés, il relevait un défaut de communication interne, une forme de « pesanteur ».

C'est pour améliorer la perception de ses différents publics que l'inspection a décidé de mettre sur pied le projet ART'ia67, qui utilise l'art contemporain comme levier de réflexion, d'échange et de pratique. Concrètement, ce projet s'illustre par le prêt d'œuvres du Frac-Alsace, avec deux accrochages par an dans les locaux de l'inspection selon les thématiques choisies par les équipes de l'action culturelle départementale, et l'installation d'œuvres contemporaines dans les espaces communs, des visites et des ateliers étant proposés à l'ensemble du personnel.

Les objectifs du projet sont de valoriser le lieu de travail et de donner une réelle dynamique à la communication interne, et ce à travers des ateliers de pratiques artistiques autour des œuvres, la mise à disposition d'une salle et du matériel nécessaire pour ces activités, une visite du Frac-Alsace et un libre accès aux œuvres dans une perspective d'enrichissement culturel et d'échange. De plus, par cette démarche innovante et créative, l'administration modifie sensiblement son image jugée encore trop « passéiste » en attirant des publics nouveaux grâce à l'ouverture des locaux et l'accueil d'un guide une fois par mois. Enfin, l'inspection souhaite aussi favoriser la rencontre des enseignants avec le personnel de l'administration, grâce à l'exposition commune des travaux réalisés par les groupes « ateliers ».

▨ Un outil de lutte contre le stress en entreprise

Nous pouvons enfin évoquer l'art en tant qu'outil de lutte contre le stress en entreprise. En octobre 2001, une étude intitulée « l'Art de lutter contre le stress », commandée par la société

Lexmark, avance que *Le Baiser* de Gustav Klimt serait une œuvre apaisante et propice à engendrer la bonne humeur.

Dans le cadre de cette étude, le Dr Sigman, psychologue anglais, a examiné les réactions suscitées par les œuvres d'art moderne afin d'établir quels tableaux pouvaient évoquer un sentiment d'apaisement ou, au contraire, une sensation de stress chez les personnes interrogées. « *L'art est un outil psychologique capable d'influencer fortement les réactions émotionnelles. Le fait de contempler pendant un instant une sélection de toiles permet aux individus de se détendre et d'ouvrir leur esprit à la création et aux idées. C'est pourquoi on devrait accorder beaucoup plus d'attention à la place de l'art dans l'aménagement du cadre de travail* », explique-t-il.

C'est ainsi que certaines œuvres ont été jugées bénéfiques pour combattre le stress : *Le Nu bleu* de Matisse, *Les Baigneuses* de Paul Cézanne et *Les Tournesols* de Van Gogh. Elles évoquent bien-être, détente et inspiration. *A contrario*, *Guernica* de Picasso, *Le Cri* de Munch et *Campbell's Soup* de Warhol peuvent aggraver l'état de stress. L'œuvre de Picasso provoque chez les interrogés un sentiment d'angoisse et d'agressivité, celle de Munch évoque la peur et la déprime. Donc, certaines œuvres sont à proscrire des bureaux !

De même, des scientifiques ont remarqué que le « Sick Building Syndrome » se traduit par le fait que les individus qui en sont victimes tombent malades à cause du bâtiment dans lequel ils travaillent. Il a été prouvé que la personnalisation de l'espace de travail de chacun à l'aide d'images et de symboles significatifs pouvait contribuer à une réduction du *turn-over* du personnel et à une amélioration de son bien-être. Ainsi, l'amélioration du cadre de travail, à travers sa conception générale, le choix de certaines couleurs, l'ameublement et l'éclairage, peut renforcer la capacité à communiquer des individus dans leur environnement professionnel. Et l'art peut influencer positivement leur comportement. Les choix artistiques de chacun sont donc porteurs de valeur et de sens : ils peuvent véhiculer, tant pour la personne associée à ces images que pour le service ou l'organisation où elles sont exposées, des impressions très fortes.

Zoom sur la Société Générale : une collection interne d'art contemporain au service des RH

Le groupe Société Générale est le sixième groupe bancaire de la zone euro. Son portefeuille d'activités s'articule autour de trois grands métiers : la banque de détail, la gestion d'actifs et la banque de financement et d'investissement. Son siège de la Défense compte plus de 6 000 salariés. À noter que c'est la première banque cotée française à affirmer son engagement en faveur du développement durable.

Entre 1995-1996, à l'occasion de son installation dans son nouveau siège de la Défense, la SG s'est constituée une collection d'œuvres d'art par une politique de commande et d'achat : après la musique et le sport, la SG ouvre ainsi un nouveau volet de sa politique de mécénat.

À l'image de la richesse et du dynamisme de l'entreprise, la collection offre une vision extrêmement variée et complète de la création artistique internationale de la fin des années cinquante aux années quatre-vingt-dix, avec notamment des œuvres de : Alechinsky, Chillida, Debré, Flanagan, Monique Frydmann, Gilioli, Pagès, Soulages,

Tapiés, Venet, Zao Wou-Ki. Elle propose au spectateur, quel que soit son niveau de connaissance, l'occasion d'une véritable confrontation avec l'art de son temps.

La constitution de cette collection a la particularité d'avoir été pensée en fonction de son lieu de destination, donnant tout son sens à la notion « d'art in situ » : les œuvres se révèlent par leur dialogue avec leur environnement architectural. Parfaitement distribuées dans l'espace, elles opèrent à la fois comme éléments de structuration et comme points de repères, aussi bien dans les bureaux que dans les salles de réunions. La banque enrichit ses collections permanentes par des expositions temporaires trois à cinq fois par an.

Par ailleurs, la Modern Art Gallery, galerie virtuelle sur internet conçue en collaboration avec le magazine *Connaissance des Arts* a déjà permis à 130 000 internautes de visiter ses collections. La SG est la première institution financière à prêter une partie de sa collection à l'Atelier Grognard, espace inauguré récemment par la ville de Rueil-Malmaison dédié à l'art contemporain.

Tout comme les autres actions de mécénat de la SG, la collection d'art contemporain est une illustration transversale des trois principales valeurs du groupe : professionnalisme, innovation et esprit d'équipe. Le mécénat, permet à la SG d'« *être là où personne ne l'attend, surprendre et créer une attention créatrice hors des univers quotidiens traditionnels* ». L'art devient un moyen de communiquer la réussite financière de l'entreprise, plus parlant et moins désincarné que les traditionnels comptes de résultat et bilans.

La SG axe cette communication sous l'angle de la générosité puisqu'elle offre plaisir, émotion, convivialité et fête à ses salariés, et ainsi s'humanise. Elle brise les codes rigides et figés du secteur en exposant ses trésors.

Enfin, par la galerie virtuelle MAG, elle affirme sa modernité technologique : des animations en 3D à la pointe de la technologie informatique, des contenus audiovisuels…

Cette politique crée un véritable échange : implication des employés, partage d'expérience avec des artistes. Des rencontres et conférences d'initiation à l'art contemporain sont organisées, auxquelles participent différentes personnalités et artistes, invités à expliquer leur démarche. Ponctuellement, des artistes hors collection exposent, illustrant la grande diversité de la création contemporaine.

Ces six dernières années, on constate un changement radical de la conception du management au sein de l'entreprise : créativité, intuition, capacité d'écoute et de concentration de l'individu sont valorisées.

La SG a utilisé sa collection comme un outil fédérateur, participant à une meilleure cohésion au sein de l'entreprise autour d'une culture et de valeurs communes.

La confrontation des salariés à un environnement différent leur permet de renouveler leur approche du travail, de repenser leurs pratiques et de développer leur créativité.

En décloisonnant les services, les rapports entre la hiérarchie et les salariés s'humanisent, et l'ensemble du personnel se retrouve dans les valeurs véhiculées par cette action. La résultante en est la création d'une nouvelle culture d'entreprise, qui fait la différence.

La Société Générale est ainsi la banque qui a la meilleure image auprès des Français (Ipsos) et des chefs d'entreprises (BVA). Elle devient avec cette collection d'œuvres d'art une des entreprises françaises où il fait bon travailler.

Conclusion

Comme nous avons pu le constater au long de ce chapitre, l'art dans l'entreprise a une double fonction : se rendre accessible à tous, nombre de salariés ne fréquentant pas les galeries et musées, et trouver l'occasion idéale d'améliorer la communication interne sur le lieu de travail, en donnant la parole aux salariés sur un sujet... qui ne fâche pas. Ainsi, l'art dans l'entreprise, notamment dans l'usine, permet de ré-enchanter l'univers peu attrayant et cloisonné du travail.

L'art devient ainsi un outil de communication interne pour l'entreprise, hélas encore sous-exploité en France. Il génère aujourd'hui une attention particulière de la part de nombreux professionnels et une multitude d'offres de prestations dans ce domaine (location d'œuvres d'art, conférences en entreprise, journées de formation...). L'avenir nous dira si l'entreprise peut enfin devenir un lieu de création, d'échange entre les hommes et de développement personnel.

Chapitre 4

Un devoir de transmission des savoirs qui incombe aux médias

La télévision et la culture : l'ère du désamour[1]

En matière artistique, l'offre télévisuelle est de moins en moins riche et souvent reléguée en deuxième, voire en troisième partie de soirée. Le ministre de la Culture et de la Communication, Jean-Jacques Aillagon, souhaite que les chaînes du service public attribuent plus de place à la culture, dans des tranches horaires de plus grande audience, afin d'intéresser le plus large public à la diversité de la vie culturelle.

Quant au président de France Télévisions, Marc Tessier, il se déclare « fier des nouveaux magazines culturels lancés à la rentrée 2001 » avec Franz-Olivier Giesbert, Philippe Labro et Guillaume Durand.

1. Source : étude CCA-médiamétrie – Téléreport, janvier/décembre 1995 et 2001.

Les chaînes du service public

■ France 2 et France 3

Nous pouvons citer ici pour exemple plusieurs magazines et débats consacrés à la culture : *Double Je, Campus, Musique au cœur, Thé ou café, Culture et dépendances, Des mots de minuit, J'ai pas sommeil, Le Choc des cultures*… animées par des personnalités telles que Bernard Pivot, Guillaume Durand, Catherine Ceylac, Franz-Olivier Giesberg, Bernard Rapp, Ève Ruggieri, Anne Sinclair…

À noter

Les audiences sont faibles pour les magazines culturels, compte tenu des horaires de diffusion tardifs.

N'oublions pas les programmes courts, de plus en plus nombreux sur les chaînes publiques, donnant l'occasion aux marques d'actions de parrainage :

- Auchan et *Talents de vie* ;
- Leroy Merlin et *Du côté de chez vous* ;
- Sun et *De table en table*…

En matière de culture, ils sont quasi inexistants, nous pouvons citer :

- *Un livre, un jour* ;
- *D'art d'art*, depuis septembre 2002, présenté par Frédéric Taddéi, sur France 2 ; il s'agit de l'analyse d'une œuvre en 1 min 30.

■ France 5

La Cinquième, créée en décembre 1994, devient France 5 en janvier 2002. Sa principale mission est la diffusion et le partage des connaissances.

Sa programmation s'articule autour de magazines et d'émissions sur l'emploi, l'économie, les médias mais aussi sur les arts et l'histoire :

- Journal de l'actualité culturelle (musique, livre, design, architecture…) : *UBIK* ;
- Littérature : *Droits d'auteurs* ;
- Cirque : *Figures de cirque* ;
- Musique, chanson française : *Les lumières du music hall* ;
- Actualité cinématographique : *Après la sortie, Derrière l'écran*.

Les parts d'audience annuelles sont peu élevées :

	15 ans et plus	Individus CSP+
Part d'audience	3,9 %	4,6 %

Parts d'audience annuelles de France 5 en 2001

Les chaînes thématiques culturelles

Arte

Chaîne entièrement dédiée à la culture européenne, c'est en mai 1992 que ses premières émissions sont diffusées simultanément en France et en Allemagne par satellite et sur le câble.

La chaîne offre une programmation très variée :

- Concerts, musique : *Tracks, Music Planet, Maestro, Musica* ;
- Cinéma, théâtre : *Metropolis* ;
- Peinture : *Palettes, Surréel* ;
- Architecture : *Architecture* ;
- Danse, ballet : *Danse*.

En dépit d'une programmation variée sous forme de documentaires ou magazines, l'audience, bien qu'en progression, reste confidentielle avec un cœur de cible, les individus CSP+ :

	15 ans et plus	Individus CSP+
Part d'audience 1995	1,3 %	2 %
Part d'audience 2001	2,8 %	3,6 %

■ Paris Première

Sur la chaîne de tous les spectacles et de la mode, les audiences sont au rendez-vous : c'est la chaîne de référence dans l'univers du câble et du satellite.

Près de 9 319 000 personnes âgées de plus de 15 ans reçoivent Paris Première, dont le taux de couverture s'élève à 22,7 % sur l'ensemble des individus et 26,6 % sur les individus CSP+ (taux important).

Ainsi, nous sommes en mesure de constater que les chaînes hertziennes accordent relativement peu de place à l'art et à la culture, avec des audiences plutôt marginales. Les chaînes thématiques présentent quant à elles un terrain plus propice à la diffusion des programmes sur l'art, elles sont plus ouvertes à différentes expressions artistiques. Elles offrent aujourd'hui une véritable dynamique en dépit d'audiences encore relativement faibles. Toutefois, elles constituent des opportunités de ciblage.

Zoom sur « La nuit et l'été », rapport de Catherine Clément[1]

Le ministre de la culture Jean-Jacques Aillagon, fin 2002, a demandé à Catherine Clément « *d'évaluer et d'analyser l'offre culturelle existante, sa qualité, son volume, sa position dans les grilles, ainsi que de faire des recommandations et des propositions permettant d'intéresser le plus large public à la diversité culturelle* ».

L'auteur entame son rapport en déplorant que « *le symptôme majeur de la culture sur France Télévisions tient à ses créneaux de diffusion – la nuit et l'été. (...) La culture est offerte aux Français aux heures où, majoritairement, ils dorment.* »

Dans une première partie, Catherine Clément constate que la culture, « *au vieux sens, c'est-à-dire les arts, la création* », est aujourd'hui une notion jugée « ringarde » et élitiste par les responsables de France Télévisions. Mais qu'est ce que la culture pour l'auteur ? Et bien la culture, c'est ce qui fait œuvre, elle englobe des émissions comme Popstars, de même que des œuvres traditionnellement reconnues comme telles, mais aussi des fictions et des documentaires de création. Elle exclut, en revanche, les débats de société et les émissions politiques qui relèvent d'un autre genre. Pour ces « œuvres », elle suggère d'ailleurs la création d'un poste de directeur des arts et de la culture au même niveau que le directeur de la stratégie et des programmes.

Est ensuite abordé le problème de l'audience. L'auteur ne condamne certes pas la chasse à l'audience pratiquée par France Télévisions, mais elle estime qu'il serait souhaitable de l'analyser, à travers la création de systèmes d'évaluation qualitatifs, et surtout de dialoguer avec les usagers, et ce en créant le conseil consultatif des programmes composé de téléspectateurs que la loi d'août 2000 prévoyait de mettre en place.

En outre, Catherine Clément note que « *si les programmes culturels ont du mal, c'est que leur mise en scène est trop souvent vieillotte* ». Il est difficile, reconnaît-elle, de transmettre l'émotion du théâtre, de la chanson, de la danse à travers un poste de télévision. Ce n'est pourtant pas d'après elle une raison pour que ces disciplines, de même que la musique classique et les arts visuels, soient pratiquement évacuées des grilles de programmation.

---

1. Source : « La nuit et l'été », rapport de Catherine Clément, éditions du Seuil, 2002 ; *Le Monde* du 10 avril 2002.

Ainsi préconise-t-elle d'« avancer la pendule » pour offrir des programmes culturels au public le plus large. Il lui paraît tout à fait possible d'introduire de « *grands événements artistiques, longtemps préparés à l'antenne* » en première partie de soirée. Quant à la deuxième partie de la soirée, nous savons que la plupart des téléspectateurs décrochent autour de 23 heures, au moment où les émissions culturelles sont sur le point de démarrer. Elle recommande donc ici de faire démarrer les programmes entre 22 h 30 et 23 heures, et étaye ses propos en citant *Campus*, sur France 2, l'émission de Guillaume Durand, qui, avancée d'une demi-heure en raison d'une grève, grimpa à 17,3 % d'écoute au lieu des 10 % habituels. Enfin, en troisième partie de soirée, les programmes devraient commencer au plus tard à minuit et demi.

En outre, elle souhaite imposer dans chaque journal télévisé, et quelle que soit l'actualité, une page culture, qui serait d'ailleurs à inscrire dans le cahier des charges de France Télévisions. De même, elle recommande « *une exploration systématique du patrimoine français après le 13 heures de France 2* », et, sur la même chaîne, un magazine d'informations internationales sur la créativité en France, en Europe et dans le monde.

Ainsi, afin d'améliorer la diffusion de la culture par le petit écran, l'écrivain plaide pour l'inscription du service public audiovisuel dans la Constitution, en complétant l'alinéa 13 du préambule de la Constitution de 1946, repris dans celle de 1958 : « *L'organisation de l'enseignement public gratuit et laïque est un devoir de l'État* », par cette mention : « *L'organisation du service public de l'audiovisuel est un devoir de l'État.* » Elle espère ainsi relancer la création et l'innovation télévisuelle.

Une presse plus ouverte aux entreprises, en attente de partage de stratégies culturelles[1]

À la différence de la télévision, l'art et l'actualité culturelle sont très présents dans la presse magazine, voire dans la presse quotidienne (notamment grâce aux suppléments).

La presse s'est emparée de cette thématique et présente aujourd'hui un marché complexe et très dense. Les supports choisissent les événements artistiques et privilégient certaines valeurs en fonction de leurs publics-cibles.

■ Les suppléments culturels de la presse quotidienne

Nous pouvons citer *Le Figaroscope* du mercredi, qui traite de la vie culturelle et artistique parisienne, et *Aden*, le guide hebdomadaire des sorties culturelles distribué chaque mercredi avec *Le Monde*.

■ La presse magazine d'information « news »[2]

Télérama est le news culturel de référence. Cet hebdomadaire, créé en 1950, a le positionnement éditorial suivant : news culturel sur le théâtre, la musique, et le cinéma.

En 2001, sa diffusion s'est élevée à 662 616 exemplaires, soit 0,3 % d'évolution par rapport à l'année précédente. Quant à ses lecteurs, ils sont 2 784 000 LDP[3], soit 5,9 % de la population âgée de 15 ans et plus. La structure de son lectorat est plutôt féminine (55,3 % indice 106), âgée de 35 à 64 ans, vivant majoritairement en région parisienne (37,9 % indice 231) et issue de catégories professionnelles supérieures : affaires, cadres (25,7 % indice 338).

1. Source : étude CCA 2002.
2. Source : AEPM janvier/décembre 2001/Diffusion contrôle.
3. Lecture dernière période.

À noter

Les hors-série *Télérama* sur les arts : musique, peinture, sculpture, design…

Autres news proposant des rubriques culturelles :

- *Le Nouvel Observateur, Courrier International, L'Express, Le Point…*
- La presse féminine avec *Elle, Marie-Claire, Marie-France.*

▒ La presse loisirs

La presse musique représente une véritable offre pléthorique pour toutes les formes d'expressions musicales :

- L'art lyrique : *Opéra International* (diffusion 16 000 exemplaires) ;
- Disques, actualité, dossiers, concerts : *Diapason* (diffusion 32 747 exemplaires) ;
- Jazz avec trois titres principaux dont *Jazz Hot* (diffusion 20 000 exemplaires).

La presse littéraire où domine un titre : *Lire*, créé en 1975 par Bernard Pivot et Jean-Louis Servan-Schreiber (diffusion 95 184 exemplaires).

▒ La presse tendance/branchée

C'est un marché relativement récent (années 1990), sans cesse en mouvement avec des lancements, des arrêts définitifs ou temporaires, de nouvelles formules. Il touche un lectorat jeune, une population avant-gardiste à l'origine des courants de consommation. Mais les audiences sont difficiles à évaluer.

Un titre phare : *Actuel*, lancé en 1973, le premier magazine « agitateur d'idées » avec un fort esprit d'investigation.

La segmentation de la presse tendance/branchée culturelle est la suivante :

- **Titres installés.** Quatre titres (150 000 exemplaires diffusés) : *Modzik, Nova, Inrockuptibles, Technikart.*

- **Titres de niche.** Six titres (270 000 exemplaires diffusés) : *Egoist, Purple, Colors, Crash, Sofa, Bilbok.*

▓ La presse artistique

C'est une famille de presse « haut de gamme » avec souvent des magazines de collection. Les concepts sont spécifiques, ciblés et élitistes.

Périodicité : mensuelle	Concept	Diffusion
Art Press	Information et réflexion sur l'art contemporain	37 000 ex
L'œil	Panorama du monde de l'art avec portraits d'artistes, actualités	25 000 ex
L'Objet d'art	Les objets d'art, collections	27 976 ex
Connaissance des arts	Tous les arts et histoire de l'art	28 886 ex

Caractéristiques de la presse artistique

Beaux-Arts Magazine est le leader sur son marché. Ce magazine d'art contemporain fait partie du groupe Flammarion et se consacre aux portraits d'artistes, à des analyses de grands courants artistiques, aux explications d'œuvres, à des entretiens avec des peintres, architectes... Son succès vient de sa diversification et de ses nombreux hors-série thématiques sur des sujets larges comme la mode, le design, la cuisine, mais aussi des numéros spéciaux liés aux grandes expositions.

Principaux chiffres

Nombre de lecteurs : 185 000 lecteurs LDP.

Diffusion : 57 993 exemplaires en 2002.

Structure de lectorat : un lectorat féminin (63,2 % indice 129) vivant en région parisienne (45,9 %) dans les professions libérales (9,2 %), cadres supérieurs (33 %) et aussi étudiants (20 %).

Zoom sur DI Régies

En juin 2003, DI Groupe (LVMH) lance par l'intermédiaire de DI Régies une nouvelle offre sur le marché. Il s'agit d'une offre transversale qui allie économie et culture, en réunissant un quotidien (*La Tribune*), un magazine (*Connaissance des Arts*) et une radio (Radio Classique).

DI Régies conçoit pour les annonceurs des chroniques sur le thème culture et entreprise, adaptées à chaque entreprise selon sa stratégie culturelle, souvent inexploitée ou non communiquée au grand public.

Entièrement intégrées à l'environnement éditorial et cautionnées par les rédactions des supports, ces chroniques offrent un nouvel axe de communication aux entreprises désireuses de véhiculer à l'ensemble de leurs publics (clients, salariés, actionnaires et prescripteurs) leurs valeurs, ce qui fait leur âme.

Ce dispositif média crée une réelle valeur ajoutée pour les marques et se distingue du traditionnel publireportage, souvent perçu par les consommateurs comme une publicité déguisée et mal vu des rédactions.

Ces trois supports sont liés par une communauté de valeurs – l'expertise, la référence et l'ouverture :

- *La Tribune*. Le quotidien de référence de l'actualité financière et économique, ouvert sur la vie des entreprises et la stratégie des marques. Plus de 300 000 dirigeants et cadres ont rendez-vous avec *La Tribune* chaque matin.

- *Connaissance des Arts*. Le mensuel de référence des professionnels et des passionnés, ouvert sur tous les arts, les transactions et l'actualité culturelle. La diffusion de ce magazine a progressé de plus de 50 % depuis le lancement de la nouvelle formule de septembre 2002.

- **Radio Classique**. La radio de référence de la culture et de l'économie consacre chaque jour 4 heures à l'actualité économique et à la vie des entreprises. Elle propose de nombreux rendez-vous culturels et artistiques. Un réseau national avec plus de 500 000 auditeurs quotidiens.

Ce package est commercialisé en tarif net 45 000 euros (hors frais de maquettes et de pige), incluant une page quadri dans *La Tribune*, une double page quadri dans *Connaissances des Arts* et une chronique de cinq minutes sur Radio Classique.

D'autres médias, souvent partenaires d'actions culturelles

La radio[1]

La radio est un média social, universel, interactif, éclectique, qui consacre une faible part de son antenne à l'art et à la culture. Hormis quelques stations spécialisées (France Culture, France Musique, Radio Classique) et les programmes « culture et loisirs » des stations généralistes, la culture est en effet peu représentée sur les ondes.

▨ Les magazines « culture et loisirs »

Il s'agit d'émissions avec une thématique précise renvoyant à des domaines artistiques, scientifiques, historiques.

Sur les stations dites « multi-thématiques » (RTL, RMC Info, Europe 1, France Inter), 9 % du temps d'antenne est consacré aux magazines culture et loisirs contre 16 % en 1998. France Inter et Europe 1 sont les deux radios qui consacrent le plus de temps à la culture et aux loisirs : 16 % de leur offre en 2001.

---

1. Sources : étude CCA - IP/L'observatoire de la radio 2001-2002.

▓ Les stations thématiques[1]

	Contenus	Audiences
France Culture	Analyse et découverte de disciplines artistiques Émissions consacrées aux modes de vie, à la découverte de jeunes artistes, vidéastes...	466 000 auditeurs quotidiens de plus de 15 ans. 1,3 % de part d'audience sur les individus CSP+
France Musique	La musique sous toutes ses formes (classique, opéra, jazz, contemporaine...) 1 000 concerts retransmis chaque année, commentaires et explications programmés	717 000 auditeurs quotidiens de plus de 15 ans 1,3 % de part d'audience sur les individus CSP+
Radio Classique	Double orientation : musique classique et informations financières et économiques	457 000 auditeurs quotidiens de plus de 15 ans, dont 191 000 individus CSP+

Caractéristiques des stations thématiques de radio

En résumé, ces stations présentent des parts d'audience peu élevées et des auditoires très spécifiques, majoritairement masculins, plutôt âgés et CSP+. En revanche, c'est le média idéal de parrainage de nombreux festivals de musique et cinéma.

L'affichage

▓ La présence de gros réseaux d'affichage internationaux

Aujourd'hui, les gros réseaux d'affichage internationaux (Decaux, Clear Channel...) ont prouvé leur participation à la vie

---

1. Source : étude CCA – Médiamétrie, janvier/juin 2002.

culturelle de la cité en devenant partenaires d'importantes expositions et événements. Ces actions illustrent légitimement leur positionnement de « vitrine du monde », l'affichage allant à la rencontre du public dans ses déplacements quotidiens.

Clear Channel a créé un logo spécifique Clear Channel Exhibitions et a récemment parrainé l'exposition *Trésors du Titanic* (Cité des Sciences et de l'Industrie).

Dauphin, partenaire de la vie culturelle

Très impliqué dans le domaine du design et de l'art contemporain, le groupe Dauphin fait de nombreuses actions de mécénat. En 1996, Jean-Charles de Castelbajac avait imaginé « l'habillage » (inauguré dans le cadre de la FIAC) de leurs panneaux d'affichage. Dauphin a aussi confié sa récente gamme de mobiliers d'affichage à des designers tels que Paolo Pinifarina en Italie, Wladimir Wauquiez en France et Jean-Yves Delitte en Belgique. Parallèlement, depuis trois ans, Dauphin affiche et parraine de nombreuses expositions, notamment celles de la galerie du Jeu de Paume et du Musée d'art moderne à Paris. Ces affiches, supports d'information à la manifestation, sont quelques fois accompagnées d'œuvres personnelles comme se fut le cas pour Felix Gonzales Torres, Arman ou Boltanski.

Prenons en exemple l'opération montée par l'afficheur Dauphin et le peintre Jean-Pierre Formica. La démarche entreprise ici est très novatrice, et ce à plusieurs titres : elle n'est pas directement reliée à une exposition, et sa réalisation elle-même est un phénomène. Au départ, il n'était question que de reproduire un agrandissement d'une toile de l'artiste et de choisir un endroit où l'afficher. Formica réalise ainsi pour les cinq espaces publicitaires de la place de l'Alma cinq peintures originales au format des panneaux 4 x 3. Ces créations de 12 m^2, qui jouent avec le volume et la couleur et qui intègrent la nature dans le paysage urbain, sont « exposées » pour le plus grand plaisir des parisiens durant trois jours. Pour l'artiste, c'est une façon de mettre ses œuvres en démonstration pour un enrichissement mutuel. Quant à Dauphin, il trouve ici le moyen de promouvoir l'art contemporain, de le familiariser aux yeux des passants et d'illustrer l'efficacité de l'affichage en soulignant l'importance de la création dans la communication.

Zoom sur Decaux

Leader mondial du mobilier urbain, numéro 1 européen de l'affichage grand format, numéro 1 mondial de la publicité dans les aéroports, Decaux doit être considéré aujourd'hui comme le « média culturel par excellence ». Chaque jour, Decaux touche plus de 150 millions de personnes dans le monde.

En tant que média culturel, il contribue aussi à l'esthétique urbaine et à l'animation des villes en les dotant de mobiliers qui s'insèrent parfaitement dans le contexte local.

Pour atteindre cet objectif, Decaux s'est entouré des meilleures architectes, tels que Norman Foster, Philip Cox, Jean-Michel Wilmotte, Knud Holsher ou Mario Bellini, qui ont développé pour l'entreprise des lignes complètes d'abribus et colonnes Morris, kiosques et bancs publics, candélabres, mâts drapeaux, MUPI ou sanitaires…

À noter que Decaux a aussi su s'entourer de nombreux designers, comme Philippe Starck, Gae Aulenti, Martin Szekely ou Andrée Putman. Et le savoir-faire des designers est également adapté aux autres activités du groupe : la vitrine pour l'affichage grand format et le plasma de Jean-Michel Wilmotte pour les aéroports.

Decaux tisse ainsi les meilleures relations avec les collectivités locales et se crée une réelle valeur ajoutée auprès de ses annonceurs.

Conclusion

Tous les médias n'accordent pas la même importance à l'art ou la culture.

L'art constitue en effet un centre d'intérêt à part entière dans la presse écrite. En revanche, art et culture sont les parents pauvres en télévision.

Toutefois, la télévision du service public s'est affirmée en la matière, et les chaînes du câble et du satellite proposent des programmes culturels ciblés et hauts de gamme.

Les afficheurs quant à eux sont devenus de formidables médiateurs culturels au service de l'esthétique des villes.

Leur incombe une véritable mission culturelle et pédagogique.

Les entreprises peuvent enrichir les contenus par des partenariats et la fabrication de programmes liés à leur activité, leur image dans le domaine culturel.

Chapitre 5
Des références à l'art qui améliorent les performances des marques

L'art améliore les performances des campagnes[1]

L'art inspire la publicité. En effet, la production publicitaire actuelle fait couramment appel au domaine artistique, tant au niveau des processus de création, de la renommée d'un artiste que de l'œuvre d'art elle-même.

L'art est un référent permanent, il concerne tous les secteurs d'activité, tels que l'habillement, l'automobile, l'alimentation, le secteur de l'entretien, du luxe, du sport... L'art dans la publicité est devenu un véritable mode de communication spécifique (de la simple reproduction aux pastiches les plus élaborés, du jeu de mot au clin d'œil érudit). Cette production révèle une critique d'art à la fois drôle, judicieuse, intelligente et pertinente. C'est de plus une pratique aussi bien nationale qu'internationale. Et toutes les disciplines artistiques sont concernées : peinture, musique, photographie, sculpture et architecture.

1. « Peintures à l'affiche » *Le journal des arts* n° 79 ; « L'art et le hard-selling peuvent-ils faire bon ménage ? » *CB News*, n° 345, avril 1994.

Par le passé, faire appel à l'art n'était le fait que de quelques indi-vidus érudits ; aujourd'hui, cette pratique représente une vérita-ble stratégie pour l'entreprise. Ainsi, l'utilisation de l'art permet un gain de notoriété, un avantage concurrentiel évident, une amélioration de l'image du produit ou de l'entreprise, des gains de parts de marché et une économie sur le plan média : par exemple, en associant le nom de Picasso à sa monospace Xsara, Citroën estime à 30 % l'économie réalisée sur son plan média international.

Quelques mots d'histoire...

L'art publicitaire moderne est né du développement de la litho-graphie au XIXe siècle. À l'époque, les responsables de campagnes publicitaires ou politiques faisaient appel à des artistes, d'une part parce que ceux-ci paraissaient les plus capables d'inventer des images, ensuite parce qu'ils étaient les plus aptes à utiliser les techniques de la gravure sur bois, de la lithographie. Des artistes tels que Daumier, Manet, Gavarni, Cham, Grandville, Toni Johannot ou Bertall ont même trouvé un style adapté à la litho-graphie. C'est donc à des créateurs connus pour leur habileté que seront demandées les premières œuvres publicitaires illustrées.

À noter

Le futurisme fut le seul mouvement qui, dans sa volonté de prendre en compte les manifestations les plus agressives du monde contemporain, s'intéressa à la publicité. Fortunato Deperro (1892-1960) rédigea même en 1932 un manifeste de l'art publicitaire futuriste, après avoir réalisé affiches et figu-rines, en particulier pour Campari.

Pour Danièle Schneider, historienne de l'art et auteur de *La pub détourne l'art*[1], « *c'est la juxtaposition entre le trivial de*

1. Éditions Tricorne.

la consommation et le caractère sacré de l'œuvre d'art qui va accrocher le regard ». Et cela est loin d'être récent : « Dans les années 1880, en Angleterre, les fabricants de savon Pear et Lever avaient acquis les toiles de peintres qui exposaient à la Royal Academy, pour les transformer en placards publicitaires. Ils l'ont fait dans le but conscient de déranger le public, et ça a très bien marché », raconte-t-elle.

L'utilisation de l'art dans la publicité permet de créer une relation privilégiée entre la marque et l'individu, de répondre à la quête de sens et de finalité du consommateur par un « immatériel de rassurance »[1]. Ainsi, à chaque fois que la publicité s'exprime par le biais d'une œuvre d'art, les Français lui font une ovation. Les trois-quarts d'entre eux ont apprécié la galerie de tableaux qu'Ariel et Whirpool ont ouverte dans les abribus, tandis que 35 000 mélomanes ont propulsé la musique de la campagne CNP aux portes du top 50.

Zoom sur la campagne « Laver est un art »

En 1992, Ariel et Whirpool signaient un accord de partenariat sur le marché européen. Pour signifier ce fait, deux ans plus tard, les deux marques donnent une nouvelle dimension à cette union : une dimension culturelle. Neuf chefs-d'œuvre du XVIIIᵉ et XIXᵉ siècle sont placardés sur 27 000 abribus Decaux pour la campagne « Laver est un art ». Ce partenariat entre Whirpool et Ariel s'inscrit dans une logique simple : la complémentarité du lave linge et du détergent. Ceci les a naturellement conduit à travailler ensemble et à mettre en commun leurs acquis techniques afin de satisfaire au mieux les attentes des consommateurs. Pour la première manifestation publique de ce partenariat, les deux enseignes ont souhaité offrir aux Français une vision originale de « l'art de bien laver ». Ainsi, durant 13 jours, dans plus de 650 villes, on a pu contempler neuf toiles de maîtres illustrant le lavage : *La Lavandière* de Paul Guigou, *Les Laveuses à la Laïta* de Paul Sérusier, *Femme étendant le linge* de Camille Pissarro, *La vie au couvent. Religieuses au travail* de Giovanni Migliara, *La Blanchisseuse* de Honoré Daumier, *Nausicaa* de Lucien Simon, *Les Blanchisseuses à Antibes* d'Ernest Meissonier, *La Blanchisseuse* de

---

1. Robert Rochefort, directeur du Credoc.

Jean-Baptiste Chardin et *Lavandière avec son enfant* de Susuki Harunobu.

C'était un pari fort osé car, si Whirpool est un annonceur qui a l'habitude de donner une dimension institutionnelle à ses campagnes, Ariel était réputé comme plutôt classique dans le domaine publicitaire.

Les résultats des tests de la campagne réalisés par la Sofres montrent un score d'agrément positif de 88 % (le meilleur score en affichage, plus de 30 points de plus que la moyenne) ; quant à l'utilisation d'œuvres d'art dans la pub, 29 % des interrogés estiment que c'est très bien, et 51 % assez bien. Et ils sont 39 % à trouver que de produire ces affiches plutôt que de montrer des machines à laver est une très bonne idée. Petite anecdote : Decaux a noté de nombreux vols d'affiches de cette campagne.

▓ Quelques manières de procéder

Mais une question est cependant à se poser : la publicité reposant sur des œuvres d'art s'adresse-t-elle à tout le monde ?

D'après Agnès Helme-Guizon, dans sa thèse de doctorat sur l'art dans la publicité[1], il existe trois façons d'exploiter l'œuvre d'art dans la pub : la reproduction de l'original, la référence culturelle et « à la manière de ». Cependant, chaque technique a un objectif et un fonctionnement distincts :

* En effet, « reproduire » l'original (*La Laitière* de Vermeer pour Chambourcy ; *Le Moulin de la Galette* de Renoir pour Kronenbourg ou *Le Bain turc* d'Ingres pour Rochas) a pour but de « *positionner et valoriser le produit en lui appropriant un peu de noblesse de l'œuvre d'art. Une œuvre qui confère un caractère dictatorial mais offre en même temps au consommateur un ancrage dans la tradition et un transfert d'affectif* ».

* Quant à la référence culturelle (Alcatel et les dessins préhistoriques et aztèques), elle permet, toujours d'après Agnès Helme-Guizon, de « *flatter un petit nombre d'initiés qui ont reconnu l'allusion, ce qui provoque chez le consommateur un*

---

1. Paris IX-Dauphine.

sentiment d'appartenance, de complicité, et la sensation de bénéficier d'un message personnalisé ».

- Enfin, une campagne « à la manière de », petit clin d'œil en quelque sorte, est une preuve de créativité de la marque. Ce fut notamment le cas pour les publicités Air France, à la manière des tableaux de Dufy, des peintures orientales ou naïves.

Le recours à une œuvre d'art peut aussi permettre d'innover. Par exemple, pour fêter le passage à l'an 2000, le café San Marco, café italien positionné sur un territoire de marque lié à l'art, a demandé à trois jeunes artistes de donner leur propre vision de l'œuvre de Michel Ange, *La Création d'Adam*. Le fruit de ce travail est une série unique de quatre cartes téléphoniques, à découvrir dans les paquets de café. Ainsi, la marque a créé l'événement en vendant des paquets de café accompagnés d'un livret, elle s'est faite médiatrice d'une culture, d'un héritage, d'un patrimoine national.

Et puis, force est de constater que puiser son inspiration parmi les chefs d'œuvres de l'art, c'est beau, pas cher, et ça parle à tout le monde. En effet, les droits des œuvres les plus connues sont tombés dans le domaine public. Ce n'est donc pas un hasard si *La Joconde* comme *La Création d'Adam* demeurent de loin les icônes les plus souvent détournées. Cependant, combien d'ados se tartinant les cheveux de gel Studio Line reconnaissent sur l'emballage l'abstraction géométrique d'un Piet Mondrian ? Ainsi, certaines références peuvent être tout aussi criantes pour les connaisseurs, sans pour autant être perçues du grand public.

Parallèlement à ces « emprunts », depuis quelques années, un nombre croissant d'artistes sont désormais sollicités pour concevoir le design d'objets ou donner du tonus à des campagnes publicitaires.

Ainsi, Agnès b. est la première en France à être passée du stade de mécène à celui de commanditaire. En effet, elle possède une galerie d'art (la galerie du Jour) et a récemment décidé de permettre aux artistes qu'elle soutient de collaborer, sous contrat, à sa ligne de vêtements. Depuis, d'autres marques se sont engouffrées dans la brèche. C'est par exemple le cas de la boutique Colette à Paris, qui a passé commande d'un briquet à Claude Closky, de la bière allemande Becks qui a, quant à elle, confié des séries limitées d'étiquettes à Damien Hirst et Tony Oursler. Nous pouvons aussi évoquer Tati et la Fnac qui proposent aux artistes de réaliser leurs sacs plastique. D'ailleurs, cette technique est d'une grande efficacité : entre objet publicitaire et bien de consommation, ces emballages affichent une œuvre (Fabrice Hybert pour la Fnac, Erik Dietman pour Tati). Il ne s'agit plus ici simplement d'un produit mais bel et bien d'un procédé de communication que les artistes proposent aux marques. Dans ce contexte, certaines sociétés et publicitaires ont compris que communication décalée rimait avec positionnement ciblé.

L'art envahit les rayons des grands magasins parisiens[1]

▨ L'art, une valeur ajoutée

Les arts plastiques arrivent de plus en plus fréquemment au secours de la communication des grands magasins parisiens : une approche inédite entre le grand public, les créations contemporaines et un nouveau genre de musée. Les grands magasins ne sont plus aujourd'hui de simples surfaces de ventes, ils se

---

1. Source : « dossier Zurban », *Le Journal du dimanche*, janvier 2003.

© Éditions d'Organisation

métamorphosent en surprenants lieux de culture, de rencontres et de vie. Art et commerce se réconcilient.

C'est ainsi que les œuvres d'art sortent des musées : photographies conceptuelles et gouaches au Bon Marché ; design expérimental au Printemps ; œuvres plasticiennes sur le thème de la métamorphose des corps aux Galeries Lafayette... Devenus depuis quelques temps les nouveaux lieux d'exposition de la création contemporaine, il convient cependant de signaler qu'ils ne font que renouer avec leur passé puisqu'ils furent longtemps de hauts lieux de l'expression artistique à Paris : en 1875, existait déjà au Bon Marché une galerie d'art, et au début du XXᵉ siècle le Printemps entretenait un atelier de création baptisé Primavera.

Aujourd'hui, les enseignes françaises prennent modèle sur le Japon où chaque grand magasin possède son propre musée. Ainsi, l'art devient un outil pour régénérer leur chiffre d'affaires. Mais, au-delà de ce fait, les grands magasins sont en quête de valeur ajoutée car leur clientèle les y pousse. D'après Emmanuelle Mayer, responsable de la communication mode femme au Printemps : « *Les gens ne viennent plus dans les grands magasins pour faire seulement leurs courses. Ils viennent pour humer l'air du temps, se faire coiffer, acheter des billets d'avion, se restaurer, et, pourquoi pas, découvrir une exposition.* »

Le Printemps s'appuie sur une grande opération événementielle par an qui conjugue habilement, offre commerciale et culturelle. En confiant depuis deux ans la conception de ses expositions à Catherine Ormen, conservateur au musée des Arts décoratifs, le Printemps s'est assuré de la qualité de « musée » de ses expositions. Et grâce à Catherine Ormen, qui connaît de nombreux acteurs du monde de l'art contemporain, le Printemps a vu défiler des artistes comme Djamel Tatah, Valérie Jouve, Valérie Belin ou Stéphane Couturier. Ces expos ponctuelles trouvent leur prolongement dans les vitrines extérieures du magasin, traitées comme de mini-espaces d'exposition et de performances. On se souvient, en septembre 2000, de l'artiste Arthus qui avait installé sa chambre dans une vitrine du boulevard Haussmann afin d'y vivre à plein temps durant les trois semaines de l'exposition Excentrique. « *Nous concevons nos vitrines comme nous concevrions une couverture de magazine. Les vitrines, au même titre que les campagnes publicitaires, sont un média à part entière. C'est pourquoi nous les dissocions très souvent de l'offre commerciale, car ce que nous vendons, c'est de l'image.* »

Les Galeries Lafayette, quant à elles, se sont offertes, en octobre 2001, une véritable galerie de 300 m², qui a pour objectif de s'inscrire dans le panorama des galeries parisiennes. Ainsi, depuis son ouverture, la galerie a exposé des sculptures en glace d'artistes chinois, du design suédois, des projets expérimentaux d'élèves de l'Ensad, des marionnettes de l'artiste Roland Roure et les œuvres Oleg Kulik ou de Christophe Luxereau, dans le cadre de l'exposition *Avatar* en partenariat avec la galerie Robouan Moussion. En janvier 2003, pour annoncer les soldes de façon originale, une quinzaine d'œuvres artistiques autour du mot « soldes » ont été réalisées par les étudiants de l'École nationale supérieure des Beaux-Arts de Paris. Cette communication par l'art s'inscrit dans l'idée de réinventer la modernité du magasin et d'en faire un lieu d'exception anticipant les tendances et mêlant étroitement commerce, émotion et création : l'art a un rôle majeur à jouer dans cette ambition.

Mais doit-on y voir une nécessité de toucher un public qui ne court pas les biennales ou plutôt une tentation de séduire les leaders d'opinion comme les médias ? Une chose est sûre, de nombreux clients se sentent très intimidés par l'univers des galeries et des musées, et ces expositions publiques constituent ainsi pour eux le seul moyen d'entrer en contact avec la création contemporaine.

Enfin, nous pouvons aussi évoquer le Bon Marché Rive gauche, fort d'une clientèle fidèle et d'un environnement culturel plus favorable que ses concurrents. Le grand magasin s'est donc lancé depuis plusieurs années dans une programmation continue d'expositions dans tout le magasin. Il a même créé en mai 2002 L'Entrée, galerie de 80 m² où sont présentés tous les deux mois des jeunes artistes de la scène contemporaine. La programmation de L'Entrée a été confiée au galeriste parisien Bernard Zurcher. Les œuvres sont disséminées dans tous les rayons. Et à chaque rénovation d'un espace du magasin, le Bon Marché achète une œuvre. C'est ainsi qu'il est le seul grand magasin à posséder une véritable collection d'art contemporain. Cette politique culturelle lui permet en outre de se rapprocher de ses clients et d'entretenir avec eux des liens privilégiés. Le Bon Marché affirme ainsi sa volonté d'être plus qu'un lieu de vente, d'être un réel espace de vie et de rencontre où l'art et la culture apportent une dimension particulière à un projet d'entreprise. Ce lieu permanent d'innovation, d'émotion et de découverte devient ainsi une véritable passerelle communicante avec le public. On peu noter ici la cohérence avec l'image de mécène du groupe LVMH dont le Bon Marché fait partie.

▨ Les artistes, bénéficiaires de cette politique

Quant aux artistes, ils sont aussi les grands bénéficiaires de cet engouement des grands magasins parisiens pour la création contemporaine. Malgré le fait qu'il ne s'agisse pas ici de vendre directement des œuvres (les magasins envoient les demandes aux galeries), ces enseignes leur offrent une visibilité inespérée.

À titre d'exemple, les Galeries Lafayette reçoivent le samedi jusqu'à 80 000 personnes, dont un centième fera un détour par la galerie. Ce taux de fréquentation peut paraître minime mais, en même temps, quelle galerie parisienne peut se targuer de recevoir 800 personnes en une journée ? Et s'il n'est pas question de rémunérer un droit de monstration, ces magasins n'hésitent pas à produire spécialement des œuvres dont les artistes gardent ensuite la propriété.

En exposant les artistes, en finançant des œuvres, en constituant des collections, les grands magasins font, à divers degrés, un pari sur l'avenir. « *Le dynamisme des artistes fait écho au dynamisme de l'entreprise* », constate Séverine Merle, du Bon Marché. Cette démarche constitue aussi, d'après Bernard Zurcher, galeriste et intervenant au Bon Marché, un véritable soutien aux artistes français.

Intervenant pour la première fois en 1995 pour l'exposition *Mettez de l'art dans votre vie*, l'idée d'une galerie d'art au sein du magasin ne date pour lui pas d'hier. En effet, le Bon Marché avait déjà entrepris une collection depuis une douzaine d'années. Il est apparu naturel que le soutien à la création se traduise aussi par un espace d'exposition permanent. L'enjeu d'une telle idée est d'accompagner un vrai projet d'entreprise basé sur le mécénat. Il ne s'agit pas ici de faire de la communication ni de l'animation culturelle, mais de créer une culture d'entreprise.

Cette bataille de l'image ne fait que commencer puisque la Samaritaine à son tour se penche sur le concept. Pour sa part, le magasin accueille chaque mois de mai *Bazart*, un supermarché de l'art itinérant avec 32 artistes et 1 600 originaux en libre-service à tous les prix. Cette nouvelle communication sur le thème du « magasin évolutif » est la première initiative pour marquer l'évolution à venir du magasin et les expositions d'art devraient se multiplier.

Reste à savoir si ces stratégies ne sont qu'un reflet de l'air du temps ou la marque d'une prise de risques à long terme. L'avenir dira si l'art du commerce peut se développer sans le commerce de l'art…

Conclusion

Il est intéressant de noter que grâce à la connexion de l'univers artistique à la communication des marques, les items de créativité, innovation, adhésion et proximité vis-à-vis du public progressent dans les bilans de marque.

En effet, au vu du nombre croissant d'expériences alliant art et consommation, cette association semble être une des clés de la réussite marketing, qui, ainsi, rend la création actuelle plus proche des gens.

Chapitre 6

L'art : un nouveau sens pour l'entreprise

Si l'entreprise est source de vie, de création de valeurs économiques, financières, historiques, sociales et morales, encore faut-il pour les développer un environnement favorable qui reconnaisse ces valeurs et sache les apprécier. La communication par l'art est le moyen de les véhiculer et même d'accroître les liens de l'entreprise avec la société civile et ses différents partenaires privés et publics. Les valeurs générées par l'art rencontrent, alimentent et transcendent les valeurs de l'entreprise.

L'entreprise : ses valeurs, ses cibles, un capital à valoriser

Si l'on considère l'entreprise comme un capital de valeurs culturelles à partager, il est important que les chefs d'entreprises et directeurs du marketing en prennent conscience et souhaitent le médiatiser à l'ensemble de leurs publics.

▨ La teneur des valeurs culturelles de l'entreprise

Quelles sont les valeurs culturelles de l'entreprise ?

- **Son histoire**, tout d'abord. L'origine, l'esprit, l'âme de l'entreprise, sa raison d'être pour ses collaborateurs constituent un capital à préserver dans le temps.
- **Ses racines**. Les fondements de l'entreprise ont un sens, ils sont à l'origine de ses richesses.
- **Son patrimoine**. Qu'il soit industriel, ancien ou contemporain, passé ou en devenir, le patrimoine est la mémoire, le trésor vivant de l'entreprise.
- **Ses savoir-faire**. Les outils, les métiers, les technologies qui ont contribué à la qualité des produits d'hier inspirent la création et l'innovation de demain et doivent être transmis.
- **Les hommes**. Ils représentent un capital humain, ce qui fait l'entreprise au quotidien. Ils doivent être valorisés et motivés pour être créatifs et productifs.
- **Ses actions culturelles**, enfin, telles le mécénat, le soutien à la création, les collections d'entreprise. Elles méritent d'être révélées et portées à la connaissance des cibles de l'entreprise.

Les cibles de l'entreprise : pour une communication globale

Les cibles de l'entreprise sont au nombre de quatre :

- **Les consommateurs**. 80 % se déclarent prêts à payer plus cher une marque qui leur propose le Bien, le Beau et le Vrai. Face à une offre de plus en plus large, le consommateur ne sait plus à qui se fier et que choisir. Il recherche la confiance mais aussi du sens et des valeurs.
- **Les salariés**. Le concept de fierté d'appartenance à l'entreprise disparaît ces derniers temps au profit de la course à la rentabilité, au détriment de la communication entre les hommes. L'art dans l'entreprise devient alors un facteur d'épanouissement et de ressourcement, c'est une source créatrice de liens entre les salariés et la hiérarchie.

- **Les actionnaires.** Les valeurs boursières ont vu récemment leur pouvoir d'attractivité entamé sur les marchés. Comment attirer la confiance des investisseurs et fidéliser les actionnaires ? En valorisant le supplément d'âme, qui fait l'éthique et l'esthétique de l'entreprise.
- **Les prescripteurs**, enfin. Ce sont les partenaires, fournisseurs, et distributeurs. Cette cible reste sensible à la transparence et à la fluidité de l'information. Le fait de connaître l'entreprise de l'intérieur leur permet de s'engager davantage auprès d'elle.

Les valeurs de l'art au service des valeurs de l'entreprise

Les valeurs liées au respect du métier

Valeurs de l'entreprise	Valeurs spécifiques à l'art et valeur ajoutée pour l'entreprise
Innovation	**Créativité, modernité, inventivité :** • se différencier de ses concurrents, • être dynamique, ouverte, enthousiaste en l'avenir, • être visionnaire, avant-gardiste, • surprendre ses publics.
Leadership, excellence	**Complétude, achèvement** Ambition d'atteindre la perfection, de transfigurer le réel.
Fiabilité, sécurité, qualité	**Harmonie, ordre, constance** L'entreprise rassure, réconforte, donne confiance.
Performance, goût du challenge	**Dépassement** L'entreprise ne se satisfait pas de ses acquis, elle tend vers l'universel, dépasse ses propres frontières pour atteindre cette « poussière d'éternité ».

.../...

Audace	**Transgression, contestation, anticonformisme** L'entreprise manifeste sa liberté en brisant le cercle des conventions établies, des codes, pour explorer l'inconnu et aller au-delà du permis. « La polémique est une dynamique » : l'art de faire parler de soi en parlant d'autre chose que de soi-même.
Raffinement	**Bon goût, prestige, esthétique** L'entreprise est haut de gamme : elle est appréciée, reconnue pour son art de vivre. Cette valeur de l'art confère une image séduisante, gratifiante à l'entreprise qui affirme ainsi sa différence. Une signature de l'entreprise.

▤ Quelques exemples

- La Société Générale, avec l'Orchestre des jeunes, se présente comme un organisme financier tourné vers l'avenir.

- LVMH avec les Jeunes virtuoses, favorise l'expression du talent par le prêt de Stradivarius. Ainsi, LVMH devient une pépinière de talents.

- Altadis, en récompensant l'expression des artistes par un prix annuel reliant Paris et Madrid en alternance, est en osmose avec l'excellence.

- BNP Paribas se présente comme l'école des talents avec le Prix des jeunes écrivains qui encourage la production littéraire française.

- La fondation Cartier encourage l'art contemporain international, illustrant son prestige et son rayonnement.

- Hermès et ses vitrines « sous le signe de l'écriture » valorise ses savoir-faire et ses métiers d'art.

Les valeurs liées au respect de la personne

Valeurs de l'entreprise	Valeurs spécifiques à l'art et valeur ajoutée pour l'entreprise
Actifs humains	• **Humanisme** L'art redéfinit le rapport de l'homme avec l'entreprise, pour une plus grande appropriation de l'entreprise par l'homme et identification à celle-ci. • **Générosité** L'art est porteur d'émotion, de plaisir, de sensations. L'entreprise devient vivante. Elle prend une dimension humaine et s'ouvre à la convivialité.
Complicité, connivence, reconnaissance	**Sociabilité** L'art crée des liens, renoue le dialogue. Il permet l'échange et la rencontre entre les hommes et contribue à l'épanouissement de l'homme.
Justice, appartenance, dialogue	**Art fédérateur** L'art est une véritable opportunité d'échange et de rencontre entre les hommes où fraternité, émotion et convivialité seront au rendez-vous. Il implique consensus du personnel, sentiment d'appartenance, fierté : • impliquer, motiver et valoriser les salariés, • décloisonner les services, • humaniser les rapports entre la hiérarchie et le personnel, • améliorer la productivité et mieux contribuer à la réalisation des objectifs de l'entreprise, • améliorer le cadre de vie.

▦ Quelques exemples

• Lors de la fusion BNP/Paribas, une fondation a été créée à partir de l'ancienne fondation Paribas avec un budget de 1,5 million d'euros par an. Cette démarche symbolique illustrait aux yeux des salariés des deux banques l'esprit dans lequel était conduite l'opération : non pas l'absorption du plus petit par le plus gros, mais la création d'une nouvelle entité homogène dont la culture serait le fruit du mélange de deux cultures différentes mais complémentaires.

• La collection interne d'art contemporain mise en place en 1995 par la Société Générale à son siège.

• Le cabinet d'audit et de conseil Andersen a produit une exposition autour des femmes, revalorisant leur rôle dans l'entreprise dans le cadre de son comité culturel, dont un des axes consiste à défendre de jeunes artistes par des acquisitions régulières.

Les valeurs liées au respect du marché

Valeurs de l'entreprise	Valeurs spécifiques à l'art et valeur ajoutée pour l'entreprise
Reconnaissance sociale, légitimité, notoriété, crédibilité	**Intemporalité** Hors du temps commun, l'art permet de naviguer dans les sphères métaphysiques, émotionnelles, religieuses. L'entreprise renforce son identité culturelle et sa cohérence auprès de tous ses publics : elle devient un référent de fiabilité.
Éthique Pérennité, responsabilité sociétale et morale tant sur le plan économique qu'environnemental	**Développement durable** Susciter la confiance et la fidélisation de sa clientèle. « *L'art est un antidote à l'éphémère.* » B. Arnault, LVMH.
Le patrimoine et le passé de l'entreprise sont considérés comme un capital à valoriser et préserver : « *Posséder son passé comme meilleur atout pour son futur.* » B. Arnault, LVMH.	**Authenticité** L'art, par ses symboles et signes qui renvoient à l'histoire, réactualise les archétypes de la tradition, c'est-à-dire les valeurs liées à l'ancienneté, au métier (savoir-faire), à l'enracinement et à la proximité.

.../...

Solidarité, civisme	Pédagogie
	L'entreprise intervient dans la promotion, la diffusion et l'information des masses en élargissant l'accès à l'art à toutes les catégories sociopro-fessionnelles.

Quelques exemples

- Nivéa, pour fêter ses 90 ans, a exposé l'ensemble de ses campagnes publicitaires en 2002 dans la galerie parisienne Artcurial.

- Air Liquide a fêté ses 100 ans au Palais de la Découverte avec l'exposition *L'air dans tous ses états*.

- Tati a organisé en 1998, pour ses 50 ans une grande exposition de 50 photographes renommés au musée des Arts Décoratifs de Paris. Cette exposition itinérante a été présentée dans d'autres musées de province.

- Le Crédit Agricole intervient dans la restauration et la préservation du patrimoine national. La banque est partenaire depuis deux ans des Journées du Patrimoine.

- La Fondation France Telecom soutient le chœur de chambre Accentus : en associant technologie et culture, France Telecom s'élève au rang d'institution culturelle.

- HP Invent. Afin de découvrir et comprendre le passé, HP Labs, grâce à sa technologie, aide les archéologues à déchiffrer certains textes anciens. En mettant sa technologie au service du patrimoine culturel mondial, HP aide à mieux découvrir le passé culturel de l'humanité.

- Le groupe de travaux publics Eiffage a commandé un tableau résumant les valeurs de l'entreprise à un artiste, Mathias Duhamel. « *C'est tout de même plus parlant qu'un logo* », dit-il.

- François Pinault veut faire en 2007 de l'île Seguin à Boulogne « *le musée phare en Europe pour l'art contemporain* ».
- EDF-GDF et IBM ont confié une partie de leurs déchets à la galerie Artkraft Diffusion qui se charge de les confier à des artistes : cas du recyclage artistique des ampoules au mercure qui servaient il y a encore un an à éclairer la Tour Eiffel.

Conclusion

« Le XXIe siècle sera culturel ou ne sera pas. »

Face au consommateur du XXIe siècle qui est très éloigné de son cousin du XXe siècle, les lois de l'évolution sévissent aussi dans la communication.

À chaque passage son message : après la communication-produit (fiabilité, technique, qualité) et la communication-marque (appel à l'imaginaire), voici venu le temps de l'affirmation de la dimension sociale, humaine et culturelle de l'entreprise.

L'entreprise citoyenne qui s'inscrit dans le développement durable devient le référent en termes de fiabilité et de confiance auprès de ses différents publics. D'une communication binaire, on passe à une « trinité communicante » de l'entreprise. Désormais, l'entreprise a un nouveau message à émettre et un rôle à endosser dans les affaires culturelles du pays. « *Elle est elle-même porteuse et émettrice de valeurs culturelles, comme communauté humaine, comme mémoire vivante d'expériences commerciales ou industrielles, comme actrice sur la scène publicitaire, et comme visage du pays sur les marchés étrangers.* » (Guy de Brébisson)

La fonction délicate autant qu'éminente assignée à l'art est d'en être le vecteur humaniste à tous les niveaux, du plus matérialiste et ludique au plus spirituel et moral.

Chapitre 7

Le mécénat culturel, un outil qui se modernise

Historiquement fait des rois et des princes, puis des capitaines d'industries désireux d'afficher leur réussite dans la société, le mécénat en France est en léger retard par rapport à ses homologues anglo-saxons. En effet, la France, pays de l'Europe du Sud, aux lourdes traditions catholiques, perçoit encore aujourd'hui le travail comme une source de malédiction. En effet, dans les pays à tradition catholique, la réussite reste encore quelque peu tabou, on fait en sorte de la cacher autant que possible. Pourtant, dans les pays protestants tels que les États-Unis, le Royaume-Uni et l'Allemagne, la réussite professionnelle est signe de protection divine. Cette théorie, qui trouve ses origines chez Max Weber, peut en partie expliquer les raisons d'une telle disparité dans les actions de mécénat culturel entre la France et ses homologues européens, voire internationaux. Dans les pays anglo-saxons, l'entreprise montre sa réussite et en fait profiter la cité.

Les nouvelles dispositions proposées par le gouvernement ouvrent des perspectives prometteuses pour les entreprises et les particuliers dans leur implication citoyenne. Le mécénat et le parrainage interviennent dans les mêmes domaines (humanitaire, sportif, culturel...) et peuvent revêtir les mêmes formes. D'où la difficulté pour apprécier la déductibilité fiscale des dépenses occasionnées par les entreprises dans le financement de cette communication.

Le nouveau cadre juridique et fiscal du mécénat

La loi du 23 juillet 1987 sur le développement du mécénat, complétée par la loi du 4 juillet 1990 sur la fondation d'entreprise, a opéré une distinction précise entre le parrainage, d'une part, et le mécénat, d'autre part. Les 12 mesures du plan Raffarin de décembre 2002, par des mesures fiscales plus incitatives que par le passé, encouragent la participation des entreprises au financement de la création et de la diffusion de la culture, dans le cadre de leur stratégie globale de communication.

L'entreprise mécène

▧ Terminologie

Le mécénat est entendu comme l'ensemble des concours consentis par une initiative privée à une œuvre ou à une personne pour l'exercice d'activités présentant **un intérêt général** dans les domaines de la culture, la solidarité et l'environnement.

C'est la notion d'absence de contrepartie qui distingue le mécénat du parrainage.

Si, dans certains pays, cette notion s'entend de façon stricte, (Pays-Bas, Royaume-Uni), en France, avec la loi de finances de 2000, on tolère que l'entreprise mécène reçoive une contrepartie fixée officieusement à 30 % de la valeur de l'apport.

▧ Quelques mots d'histoire

Il est difficile de parler de mécénat sans évoquer Caïus Maecenas (an 74 avant J.-C. à l'an 8 après J.-C.), ministre et ami d'Auguste qui, sous la Rome impériale, attacha indéfectiblement son nom à ce phénomène.

L'essor du mécénat en France date du début des années soixante. Il a été favorisé, sous l'influence d'André Malraux, par la création de la Fondation de France.

En 1979, l'Admical, association reconnue d'utilité publique, a été créée pour promouvoir la pratique du mécénat d'entreprise en France, dans les domaines de la culture, de la solidarité et de l'environnement. Aujourd'hui, l'Admical compte dans son club 150 entreprises mécènes.

Après la loi du 23 juillet 1987 sur le mécénat et la loi du 4 juillet 1990 sur les fondations d'entreprise, « le plan de relance du mécénat et des fondations » du gouvernement Raffarin, présenté le 17 décembre 2002, vise à re-dynamiser un secteur sur lequel la France est en retard par rapport à ses voisins européens qui bénéficient de dispositifs réglementaires et fiscaux beaucoup plus avantageux et incitatifs, surtout au regard des réformes opérées par nos partenaires (Royaume-Uni et Allemagne en 2000). Ce projet de loi sera présenté devant le Parlement dès la seconde quinzaine de mars 2003.

Quelques chiffres

Culture 58 %	Solidarité 38 %	Environnement 4 %
1 200 entreprises actives	550 entreprises actives	90 entreprises actives
2 800 actions	2 100 actions	270 actions
Budget global : 198 millions d'€	Budget global : 130 millions d'€	Budget global : 13 millions d'€

Le mécénat en chiffres et par domaine : les entreprises aiment la culture[1]

1. Sources : Admical - Répertoire du mécénat d'entreprise 2001-2002.

Le mécénat d'entreprise a représenté en 2000 un investisse-ment global de 341 millions d'euros pour moins de 2 000 entreprises, soit 0,09 % du PIB.

Premier constat : les PME s'ouvrent à un mécénat culturel en forte croissance. En effet, le mécénat n'est plus l'apanage des grandes entreprises, même si les plus actives se recrutent parmi les « poids lourds » de l'économie.

Parmi les entreprises mécènes, les établissements de crédit et les banques viennent en tête (21 %), suivis par les entreprises de presse et communication (16 %), les nouvelles technolo-gies (9 %, en baisse). Contrairement aux idées reçues, les entreprises de luxe sont peu présentes sur la scène du mécé-nat culturel (4 %). Quant aux PME de moins de 500 salariés, elles représentent 70 % des mécènes.

Deuxième constat : Les actions de mécénat visent davantage la proximité. Même du côté des grandes entreprises, on assiste à une déconcentration et une décentralisation des actions de mécénat.

PAYS	Montant estimé du mécénat culturel	Disciplines les plus soutenues par les entreprise
Allemagne	255 M	Arts plastiques ; musique
Espagne	59,7 M	Musique classique ; peinture
Royaume- Uni	226,08 M	Musique (inclus opéra) et théâtre
Suède	24,04 M	Musique
Italie	205,7 M	Patrimoine ; musique classique
France	198 M	Musique ; peinture

Tableau comparatif du financement culturel des entreprises en euros

Ces chiffres sont à comparer à ceux d'autres pays, notamment aux États-Unis où l'apport en mécénat est évalué à environ 217 milliards d'euros en 2001, soit 2,1 % du PIB américain.

Musique	29 %
Arts plastiques – Musées	21 %
Théâtre	12 %
Patrimoine	7 %
Actions pluridisciplinaires	6,5 %
Photographie	6 %
Audiovisuel – Multimédia	4,5 %
Danse	4,5 %

Le mécénat culturel en chiffres : duo de tête
pour la musique et les arts plastiques[1]

Quelques exemples

- Altadis : programmes de mécénat en arts plastiques et cinéma.

- Fondation Cartier pour l'art contemporain.

- Société des grandes sources de Wattwiller : création d'une exposition permanente d'œuvres d'art sur le thème de l'eau, Bourse de la création.

- Total Fina Elf, premier mécène français du musée du Louvre.

- Bouygues SA, mécène du théâtre des Champs-Élysées.

- Société générale : fondation Mécénat Musical.

Les différentes formes du mécénat

- **Mécénat financier.** Cotisations, subventions, apports en numéraire.

- **Mécénat en nature**. Dans ce cas, le versement peut consister en la remise d'un bien inscrit sur le registre des immobilisations, de marchandises en stock, en l'exécution de prestations

1. Source : Admical ; données 2000.

de services, en la mise à disposition de moyens matériels, personnels ou techniques.

- **Mécénat en technologie**. L'entreprise mobilise son savoir-faire, son métier, au bénéfice de partenaires culturels ou du monde de la solidarité.

- **Mécénat de compétences**. Mise à disposition de compétences de salariés de l'entreprise ou prêt de main d'œuvre, accompagnement dans le montage du projet, d'appui technique de courte ou longue durée. À la différence du bénévolat, les salariés continuent d'être rémunérés.

- **Mécénat audiovisuel**. Il s'agit, pour l'entreprise, de bénéficier d'un impact de notoriété, d'un gain d'image, en contrepartie de la contribution qu'elle apporte au financement d'une émission, sans disposer d'aucun droit sur le programme ni sur les conditions de sa diffusion. Elle ne peut que revendiquer simplement sa signature. Ainsi, pour la chaîne, c'est un mode de financement et, pour l'entreprise, c'est un mode de communication. Il peut s'agir de :

  - *mécénat de spectacles retransmis* : événements culturels, artistiques… par une ou plusieurs entreprises dont une chaîne de télévision assure la couverture ou la retransmission ;

  - *mécénat de programmes* : l'entreprise mécène est bailleresse de fonds et elle apporte un soutien ou un supplément d'aide à la production télévisuelle par un financement en argent ou par une prestation en nature.

Les mécanismes du mécénat

Deux termes caractérisent les modalités juridiques générales du soutien de l'entreprise mécène :

- **La gestion en régie directe** : absence de structure autre que le mécène et le bénéficiaire final du soutien.

- **La gestion en régie indirecte** : action de mécénat menée *via* une structure juridique intermédiaire, interlocuteur du bénéficiaire final qui peut être :

  – une association loi 1901,

  – un club d'entreprise,

  – une fondation d'entreprise ou sous égide de la Fondation de France ou reconnue d'utilité publique.

▨ Constat : la France manque de fondations

Au regard des 12 000 fondations américaines, des 3 000 *charity trusts* britanniques et des 2 000 fondations allemandes, on ne compte en France, en 2001, que 473 fondations d'utilité publique, dont deux tiers seraient peu actives, et 73 fondations d'entreprise (ne sont pas retenues les fondations sous égide de la Fondation de France et l'Institut de France).

Solidarité	26 %
Culture	20 %
Santé	11 %
Éducation	10 %
Environnement	3 %

Répartition des fondations par domaine d'intervention

Une des 12 mesures de la réforme du gouvernement Raffarin : simplifier le régime juridique des fondations :

- **En accélérant la procédure de reconnaissance d'utilité publique des associations et fondations**. Aujourd'hui, la procédure d'instruction du dossier est de 18 mois en moyenne. Un délai maximal de 6 mois sera la règle par un dispositif d'accord tacite des ministères concernés.

- **En assouplissant les conditions de création et de fonctionnement des fondations reconnues d'utilité publique**. Les « statuts-types » des fondations, jugés trop rigides, seront simplifiés, notamment au niveau de la composition des organes dirigeants. Il sera par exemple possible :

  - de créer des fondations gérées par un conseil de surveillance et un directoire (et non plus nécessairement par un conseil d'administration) ;

  - de disposer d'une plus grande liberté dans la composition des organes dirigeants de la fondation ;

  - d'opter pour un dispositif dans lequel l'État sera représenté par un commissaire du gouvernement à voix consultative, plutôt que par des membres du conseil d'administration à voix délibérative.

Les règles relatives au montant du capital initial seront allégées :

- « les fondations de flux » seront désormais autorisées : au lieu de verser un capital de départ, les fondateurs pourront s'engager à verser un montant annuel, garanti par une caution bancaire ;

- « les fondations à capital consomptible » seront également admises en permettant à une fondation destinée à financer un projet à durée déterminée de consommer son capital puis de se dissoudre une fois le projet réalisé.

Le XXe siècle fut celui des associations : le XXIe siècle sera-t-il celui des fondations ?

▦ La fiscalité

Les 12 mesures fiscales présentées par le gouvernement Raffarin seront examinées au Parlement au cours du premier semestre 2003 pour une application en 2004.

- **Pour le mécénat des entreprises, doublement de l'avantage fiscal par une réduction d'impôt de 60 %.** La déduction de 100 % du don sur l'assiette de l'impôt, qui équivalait pour les sociétés à une réduction d'impôt de 33,33 % du don initial sera abandonnée au profit d'une réduction d'impôt de 60 % applicable directement sur l'impôt, dans la limite de 0,5 % du chiffre d'affaires (contre 0,225 % ou 0,325 % actuellement).

Exemple

Aujourd'hui, une entreprise qui donne 1 M€ bénéficie d'une réduction d'impôt égale à 333,3 K€, à condition que son chiffre d'affaires soit supérieur à 444 M€ (pour respecter le plafond des 0,225 % du CA HT). Si son chiffre d'affaires est de 100 M€, le don ne pourra être que de 225 K€, et la réduction fiscale sera de 75 K€.

Demain, une entreprise qui donnera 1 M€ bénéficiera d'une réduction d'impôt égale à 600 K€, à condition que son chiffre d'affaires soit supérieur à 200 M€. Si son chiffre d'affaires est de 100 M€, le don pourra être de 500 K€ et la réduction fiscale sera de 300 K€.

- **Autorisation pour les salariés de contribuer à la fondation de leur entreprise.** Les salariés pourront déduire leurs dons de leur impôt sur le revenu dans les conditions suivantes :

  – le contribuable salarié bénéficiera d'une réduction d'impôt équivalente à 60 % du don (au lieu de 50 % actuellement) ;

  – Pour un don dépassant 20 % du revenu imposable, le donateur pourra bénéficier de la réduction d'impôt en la répartissant sur 5 ans.

- **Amélioration de la fiscalité des fondations avec doublement de l'abattement au titre de l'IS.** Les fondations sont imposées sur les revenus des placements qu'elles effectuent avec le capital qui leur est versé. L'abattement au titre de l'IS dont elles peuvent bénéficier passera de 15 000 € à 30 000 €.

- **Fiscalité des œuvres d'art acquises par l'entreprise**. L'acquisition directe d'œuvres d'art est timidement encouragée par la France qui fait figure d'exception, avec l'Espagne. Les deux dispositifs de soutien à l'activité artistique sont issus de la loi du 23 juillet 1987 sur le développement du mécénat. La loi du 4 janvier 2002 relative aux musées de France encourage, par le biais d'incitations fiscales, les entreprises à effectuer des versements en numéraire en vue de l'acquisition de trésors nationaux par l'État ou pour leur propre compte.

Cas de l'achat par l'entreprise d'œuvres originales d'artistes vivants, pour les exposer au public[1]

Cette mesure est novatrice dans la mesure où il ne s'agit pas d'enrichir les collections publiques mais de « dynamiser » le marché de l'art contemporain en France.

Les entreprises qui achètent des œuvres originales d'artistes vivants à compter du 1er janvier 2002 peuvent déduire de leurs résultats imposables, sur cinq ans et par fractions égales, une somme égale à leur prix d'acquisition. Pour que la déduction soit possible, il est nécessaire que l'œuvre soit exposée au public et que son auteur soit vivant au moment de l'achat :

- Les œuvres peuvent être achetées directement à l'artiste ou par l'intermédiaire d'un tiers sur le marché des œuvres d'art (galerie, vente aux enchères…).
- L'œuvre est inscrite en immobilisation à l'actif du bilan.
- Les sommes portées en déduction sont inscrites à un compte de réserve spéciale au passif du bilan.

1. Article 258 bis AB du Code des impôts.

▨ Cas du financement par l'entreprise de l'acquisition d'un trésor national par l'État pour enrichir les collections publiques[1]

L'entreprise bénéficie d'une réduction d'impôt égale à 90 % des versements effectués avant le 31 décembre 2006, en faveur de l'achat pour les musées de France, de trésors nationaux. Cette réduction d'impôt ne peut être supérieure à 50 % de l'impôt dû.

C'est ainsi que le 12 novembre 2002, le ministère de la Culture et de la Communication a publié son premier avis d'appel au mécénat d'entreprise pour l'acquisition d'un trésor national (ensemble de neuf panneaux décoratifs peints sur toile de Jean-Baptiste Oudry), dont la valeur d'achat est fixée à 3 353 000 euros.

Les limites de déductibilité sont variables selon les pays. Pour les entreprises, il s'agit en principe d'une charge déductible du résultat imposable selon des plafonds définis en pourcentage du chiffre d'affaires ou du bénéfice net.

Pays	Taux de l'impôt sur les sociétés	Déductions fiscales maximum	Déductions valables pour le mécénat en nature ?
Allemagne	50 %	10 % du bénéfice avant impôt ou 0,2 % du chiffre d'affaires	oui
Espagne	35 %	100 % du bénéfice net	oui
Italie	47,83	20 % du bénéfice net	non
Royaume-Uni	33 %	Pas de limites	non
Suède	30 %	Pas de déduction	oui

Tableau simplifié des déductions fiscales

1. Art.238 bis O AB du CGI.

Ainsi, le mécénat ne doit plus être considéré comme un acte de générosité ni comme la « danseuse du Pdg ». Le mécénat est la rencontre de deux mondes qui souvent s'ignorent. Il implique une évolution des mentalités de l'entreprise et de l'État, des médias, des artistes et de l'ensemble du monde culturel. « *C'est désormais un phénomène de société qui correspond à une mutation historique dans la vocation des entreprises en France qui, dépassant le point de vue étroit du profit accèdent à une responsabilité sociale.* »[1]

Le parrainage ou sponsoring

L'arrêté du 17 mars 1989 relatif à la terminologie économique et financière impose le terme de « parrainage » contre celui de sponsoring.

▪ Terminologie

Le parrainage est le soutien matériel ou financier apporté à une manifestation, une personne, un produit ou une organisation en vue d'en retirer un bénéfice direct, à travers une exploitation commerciale directe. Il sert essentiellement à promouvoir un produit ou une marque.

▪ Le régime fiscal du parrainage

L'article 39-1-7 du CGI précise que sont déductibles, au titre des charges d'exploitation, les dépenses de parrainage engagées par les entreprises dans le cadre de manifestations :

- de caractère philanthropique, éducatif, culturel…
- ou concourant à la mise en valeur du patrimoine artistique, à la défense de l'environnement naturel,

---

1. Admical.

© Éditions d'Organisation

- ou à la diffusion de la culture, de la langue et des connaissances scientifiques françaises, lorsqu'elles sont exposées dans l'intérêt direct de l'exploitation.

Ces dépenses comprennent notamment :

- les versements effectués au profit des organisateurs des manifestations parrainées (clubs, associations, comités…) ;
- les charges et frais supportés à l'occasion de ces manifestations (moyens techniques, personnel) ;
- les rémunérations ou remboursements de frais versés à des personnalités du monde sportif, culturel ou artistique qui participent directement à ces actions.

Pour que la condition de l'intérêt direct de l'exploitation soit remplie, il faut que :

- l'identification de l'entreprise qui entend promouvoir son image de marque soit assurée ;
- les dépenses engagées soient en rapport avec l'avantage attendu de l'entreprise (l'entreprise doit pouvoir justifier que les charges supportées à l'occasion d'une action de parrainage ne sont pas excessives eu égard à l'importance de la contrepartie attendue).

Le régime fiscal du parrainage est avantageux car il n'est pas plafonné par rapport au chiffre d'affaires et permet des contreparties proportionnelles à la dépense.

◼ Le parrainage conserve les faveurs des entreprises[1]

2,2 milliards d'euros : c'est ce qu'ont investi les entreprises françaises en parrainage en 2002, soit une progression de 10 % en un an. Ces 2,2 milliards d'euros investis en France représentent

---

1. Source : étude Sponsorclick publiée par *CB News* de janvier 2003- Philippe Lefèvre.

7,1 % des budgets mondiaux de parrainage, évalués à 30 milliards d'euros. Le marché nord-américain reste leader avec 40 % des investissements. En Europe, la France arrive troisième derrière la Grande-Bretagne et l'Allemagne. On observe sur le marché français une hausse sur cinq ans d'environ 70 % des budgets de parrainage qui passent de 1,3 milliards d'euros en 1997 à 2,2 milliards d'euros en 2002.

Huit entreprises françaises ont des budgets de parrainage dépassant les 10 millions d'euros (liste non exhaustive et non hiérarchisée) : la Seita, PSA, Renault, France Telecom, la Française des Jeux, Coca-Cola, Nestlé et le Crédit Agricole.

Il convient d'y ajouter de nouveaux parrains : Cegetel, SFR ou Bouygues ; EDF ou Areva ; LVMH, PPR ou Cartier dont les investissements dans le parrainage culturel et social constituent une part non négligeable des investissements de communication.

La Société Générale, GMF, BNP Paribas, Canal + ou TF1 interviennent dans le financement du rugby, du foot, du tennis et de la musique.

Sport	81 %
Culture	50 %
Humanitaire	42 %
Événements professionnels	24 %

Éducation	21 %
Média/multimédia	18 %
Environnement	18 %
Autres	6 %

Domaines dans lesquels l'entreprise mène des actions de parrainage

■ Évaluation du bien-fondé des investissements en parrainage

Faute de repères quant aux mesures d'impact, les entreprises retiennent les baromètres de notoriété et/ou d'image (65 %), la pige des retombées médias (58 %), les sondages auprès de la cible (50 %).

© Éditions d'Organisation

Direction générale	66 %
Direction de la communication	48 %
Direction marketing	34 %
Direction commerciale	10 %
Directions des relations extérieures	8 %
Direction des ressources humaines	3 %
Autres	8 %

Direction(s) dont dépendent les prises de décision

Aussi efficace soit-il, le parrainage reste le complément d'une stratégie d'image, de notoriété, de marketing ou commerciale, selon les objectifs. Mais il peut constituer un moyen important de développement de la création et de la diffusion artistique et culturelle.

Trois exemples de mécénat : LVMH, SEB et Vinci

LVMH, grand mécène à l'américaine

▧ Présentation du groupe

LVMH, créé en 1987, est le leader mondial du luxe, avec près de 12 690 milliards d'euros de CA et 56 000 personnes à travers le monde.

Le groupe dispose d'un portefeuille unique de quelque 60 marques prestigieuses. Il est présent dans cinq secteurs d'activités : vins & spiritueux, mode & maroquinerie, parfums & cosmétiques, montres & joaillerie et distribution sélective.

▓ L'action de mécénat menée

Auparavant, le groupe avait une identité exclusivement financière. Le mécénat assure à LVMH, très soucieux de son image de
marque, une reconnaissance institutionnelle à travers des
valeurs culturelles et sociales. Parce que l'art constitue un patrimoine culturel vivant qui se perpétue, LVMH a mis en place
diverses initiatives :

- la réhabilitation de monuments historiques,
- le mécénat de grandes expositions nationales,
- l'enrichissement de collections de grands musées,
- l'encouragement à la création contemporaine.

Pour illustrer ces dires, nous pouvons citer pour exemple la
restauration de sept salles de l'aile nord du château de Versailles
et le parrainage de grandes expositions de peinture comme
Cézanne et Matisse-Picasso... Depuis dix ans, LVMH a apporté
un soutien régulier à près de douze grandes expositions nationales (en collaboration avec la RMN) dans le but de faire découvrir
et aimer par le plus grand public les moments essentiels de
l'histoire de l'art et de la culture.

À noter

Une nette préférence de LVMH pour le Grand Palais, tandis
que son concurrent PPR opte pour Beaubourg.

À cela s'ajoute une réelle mission pédagogique, avec l'acces-
sion des jeunes à la culture : places de concert et aide aux
jeunes virtuoses, invitation de classes de lycées et collèges aux
grandes expositions de peinture et création du prix LVMH des
jeunes créateurs. D'ailleurs, à l'occasion de Matisse-Picasso au
Grand Palais en 2002, LVMH a poursuivi la mise en place des
« classes LVMH Découverte et Pédagogie » s'adressant aux
enfants de 6 à 11 ans.

Toujours dans la même volonté de transmission et de partage d'une passion pour l'art et la culture, LVMH a coproduit, avec la RMN, le premier site internet consacré aux liens historiques et artistiques entre Matisse et Picasso[1], qui tend à devenir l'un des plus grands centres de recherche virtuel sur l'art du XXIe siècle.

LVMH a apporté 1 million d'euros pour l'exposition et 152 000 euros pour le site internet.

Le mécénat culturel : outil stratégique, créateur et diffuseur de valeur ajoutée

- **Créateur et diffuseur de valeur ajoutée.** En soutenant les arts et la culture, LVMH peut lier les valeurs qui y sont attachées (bon goût, beauté, modernité et dynamisme, savoir-faire, art de vivre et innovation ou même élitisme) à sa propre image.

Par ces différentes actions de mécénat, LVMH entend les défendre et donner ainsi du luxe une définition généreuse, affective et authentique à laquelle son président et l'ensemble des collaborateurs sont attachés. Le mécénat de LVMH est placé sous l'égide de la passion créative et d'un profond attachement aux valeurs humaines.

En mettant en avant les valeurs qui lui sont chères, LVMH, bénéficie ainsi d'un rayonnement international : en effet, sa créativité et son innovation visent à attirer les meilleurs créateurs, à leur permettre de créer dans la plus grande liberté. Son éternelle recherche d'excellence met en avant le détail, la qualité et la perfection de ses produits. Son image de marque, bâtie avec le temps, constitue un réel patrimoine du groupe et représente un actif inestimable et irremplaçable. Quant à son parti pris culturel, il met en évidence son esprit d'entreprise et sa volonté d'être le meilleur.

---

1. www.matissepicasso.com

- **Positionnement.** « *LVMH : une vocation de mécène et de pédagogue.* »

- **Enrichissement mutuel.** « *Par le mécénat, nous voulons construire une action d'intérêt général afin que notre succès économique profite à tous* », déclare Bernard Arnault. Pour LVMH, le mécénat mêle à la fois la responsabilité institutionnelle et sociale de l'entreprise, de même que l'expression d'un sens fort de la solidarité et un souci d'excellence et de générosité.

  De plus, la transmission d'une connaissance et d'une passion pour l'art et la culture permet un éveil de l'émotion, une ouverture d'esprit du grand public. Un énorme travail est en outre réalisé dans le but d'inculquer cette passion de l'art aux plus jeunes. LVMH s'impose ici comme un fabuleux pédagogue, animé d'une volonté de transmettre sans égal.

- **Outil de communication *corporate*.** Le public attaché à l'art et ses différentes formes correspond à un segment de marché sur lequel LVMH est positionné. Le mécénat culturel lui permet donc de toucher ses publics, avec des messages ciblés. Ces différentes actions permettent de plus au groupe d'organiser grands dîners et galas pour ses actionnaires et clients dans ses espaces partenaires.

SEB : un partenariat thématique au service de ses valeurs et métiers

■ Présentation du groupe

La société SEB, née en Bourgogne en 1857, n'a cessé de se développer en France, avec la création notamment de la cocotte minute en 1953. Elle emploie aujourd'hui 1 800 personnes sur quatre sites industriels et vend un appareil toutes les trois secondes en France. La société est à l'origine du groupe SEB, l'un des leaders mondiaux des appareils de petit électroménager (qui compte des marques comme Rowenta, Moulinex, Tefal, Krups, Arno, Calor…).

La cocotte minute SEB est présente dans 90 % des foyers français, et la marque SEB dans 100 % d'entre eux, avec en moyenne deux appareils par foyer. Enfin, la cocotte minute est le premier appareil de cuisine à avoir été élu « produit de l'année » en 2003[1].

■ L'action de mécénat menée

En 2003, année anniversaire des 50 ans de la cocotte minute, SEB choisit de passer du rôle de simple fabriquant d'appareils de cuisine à celui d'acteur reconnu de l'apprentissage et de la transmission de la cuisine en France, et ce, en devenant partenaire officiel de l'exposition *À table, l'alimentation en question*, au Palais de la Découverte, la plus grande jamais réalisée sur l'histoire sociale, scientifique et culturelle de l'alimentation. Pour la première fois de son existence, et pour rompre avec la monotonie de son habituelle « communication produit », SEB réalise une opération originale de mécénat, dans le cadre d'une stratégie de communication *corporate*.

SEB profite de ce contexte de débats et de réflexions autour de l'alimentation pour s'imposer en expert des pratiques culinaires, garant des savoir-faire et du patrimoine culinaire français, et ainsi lancer son propre cheval de bataille : la pérennité de la pratique culinaire en France, dangereusement menacée à l'heure actuelle.

1. Par ClipsoControl.

Pour ce faire, SEB organise avec l'aval scientifique du Palais de la Découverte et de l'Inra un grand colloque national, « La cuisine en question. Les premières assises de la table par SEB », où journalistes, sociologues, historiens, institutionnels viennent débattre et statuer sur l'état actuel des pratiques culinaires des Français. À l'issue du colloque, SEB lancera une grande enquête nationale en partenariat avec un quotidien sur le sujet et créera un Observatoire permanent des pratiques culinaires en France.

L'exposition lui donne malgré tout l'occasion de continuer sa communication produit grâce à deux expositions privées : *50 ans de cuisine*, pendant une semaine dans son espace partenaires, et *L'électroménager de demain*, pendant trois semaines dans la rotonde du Palais de la Découverte. Ainsi, SEB s'inscrit dans l'actualité, profite d'un événement national majeur et rebondit au profit de sa marque : la célébration des 50 ans de sa cocotte minute devient le prétexte pour la diffusion d'un nouveau message et d'un nouveau positionnement : « *SEB, c'est cuisiner bien.* »

La marque participe à l'exposition à hauteur de 152 550 euros, sur un budget global d'environ 1 550 000 euros. À cela doivent être ajoutés les frais techniques concernant l'organisation du colloque et des expositions.

▨ Le mécénat culturel : outil stratégique, créateur et diffuseur de valeur ajoutée

- **Créateur et diffuseur de valeur ajoutée.** SEB s'approprie le crédit scientifique du Palais de la Découverte et de l'INRA, légitimant ainsi sa prise de position en tant que spécialiste des questions de cuisine en France. La marque se pose ici en tant qu'entreprise citoyenne, protectrice de la cuisine : la cuisine est un patrimoine et un art qui vit et se transmet. Or, force est de constater qu'aujourd'hui, la transmission culinaire ne se fait plus que dans 40 % des foyers. Ainsi, SEB se doit de défendre la cuisine, pour une continuité de la transmission culinaire de génération en génération, mais aussi pour la progression de ses ventes.

SEB, grâce à cette action, assume sa mission pédagogique d'entreprise impliquée et vigilante, et véhicule ainsi des valeurs de transmission, de savoir-faire et de plaisir de cuisiner.

- **Positionnement**. « *La cuisine est un patrimoine qui se transmet.* »

- **Enrichissement mutuel.** SEB se pose ainsi en entreprise vigilante, à l'initiative d'un débat et d'une réflexion : la cuisine en question(s), la cuisine étant son domaine de référence. La marque alimente et enrichit le débat, finance la recherche dans le domaine, tout en améliorant son image auprès de ses différents publics.

- **Outil de communication *corporate*.** Cette opération permet à SEB de s'adresser à une cible large : 500 000 à 700 000 visiteurs. De plus, sont attendus de nombreux groupes scolaires, attirés par les ateliers et cours de cuisine pour enfants, très ludiques.

Est aussi escompté un public de leaders d'opinion : journalistes, sociologues, pédagogues, chercheurs… Cette exposition, initiée par la marque SEB, va permettre au groupe SEB de rebondir, fin 2003, en élargissant le sujet à l'électroménager de demain.

Ainsi, le projet crée une nouvelle dynamique au sein du groupe, une nouvelle cohésion et organisation interne, et surtout inspire les autres marques du groupe à se lancer à leur tour dans des opérations originales (exemple : Rowenta fait appel à des designers pour le lancement de nouveaux produits).

C'est un projet d'envergure nationale, à fortes retombées médiatiques, au cœur de son actualité qui s'inscrit dans le moyen/long terme.

À travers cet événement, SEB bénéficie d'une couverture média optimisée et peut exploiter au maximum les RP (soirées distributeurs, enfants des clients et des journalistes, espace partenaires privatisé…).

Vinci, un mécénat de compétences au service de la restauration du patrimoine

■ Présentation du groupe

Numéro un mondial des concessions, de la construction, et acteur majeur en Europe des technologies de l'information et des énergies, Vinci compte près de 130 000 salariés, 3 000 implantations locales, 100 000 chantiers par an dans plus de 80 pays.

Le groupe possède de plus une quinzaine d'entreprises spécialistes du patrimoine ancien et monuments historiques.

Entreprise citoyenne, elle mise beaucoup sur sa communication auprès de ses différents publics et sur le respect de l'environnement (collecte et recyclage des déchets des chantiers).

Créée en mai 2002, la fondation Vinci œuvre pour la cité. Elle a enregistré plus de 160 demandes de subvention, dont un tiers transmises par les salariés du groupe.

■ Action de mécénat menée

Le groupe Vinci est à l'origine de la plus importante opération de mécénat culturel en France financée uniquement par une entreprise, et ce, à hauteur de 10 millions d'euros sur cinq ans : la restauration de la galerie des Glaces du château de Versailles. Vinci est sacré « Grand mécène du ministère de la Culture et de

© Éditions d'Organisation

la Communication » et son Pdg, Antoine Zacharias, a reçu le nouveau label décerné par le ministère de la Culture.

N'oublions pas que Versailles est classé « patrimoine mondial de l'humanité » par l'Unesco. La galerie des Glaces, qualifiée quant à elle de « royale beauté unique dans le monde », est synonyme de prestige, et, avec ses 3 millions de visiteurs par an, elle est le « vaisseau amiral du château ».

Nous avons ici affaire à un mécénat de compétences : Vinci apporte le savoir-faire de ses entreprises spécialisées. Ce grand projet comprend à la fois la restauration des décors peints et sculptés, des décors d'architecture, mais aussi des équipements techniques de chauffage et de ventilation, de mise en lumière et de sécurité incendie.

Avec la transmission des savoir-faire, le bâtiment renvoie au travail des mains, des hommes, il est une fierté pour la mémoire collective. Les savoir-faire des 15 entreprises du groupe sont transcendés et deviennent de véritables « métiers d'art ».

Le mécénat culturel : outil stratégique, créateur et diffuseur de valeur ajoutée

- **Créateur et diffuseur de valeur ajoutée.** Grâce à l'obtention du label, Vinci bénéficie d'un extraordinaire rayonnement, qui dépasse les frontières françaises. Lui est attribuée une image officielle, car accréditée par les hautes instances de la Culture et du Patrimoine. Le groupe peut donc diffuser de part le monde ses valeurs de technicité, pérennité, mémoire, transmission, esthétisme, ses savoir-faire et sa fiabilité. Vinci, grand bâtisseur, construit son capital éthique et esthétique, conforte son leadership mondial et nourrit sa politique de développement durable. Il gagne en notoriété, contenu et crédibilité sur les marchés financiers.

- **Positionnement.** « *Bâtisseur des temps modernes.* »

- **Enrichissement mutuel.** Vinci se crée ainsi un nouvel outil de lobbying et de prospection auprès des collectivités locales et des gouvernements dans l'obtention de nouveaux marchés, sans compter les contreparties politiques, économiques, sociales et pédagogiques.

  En effet, Vinci, grâce à cette opération, met en avant certains de ses métiers jusqu'alors ignorés : Vinci n'est pas qu'un bâtisseur industriel, c'est aussi un restaurateur du patrimoine.

- **Outil de communication** *corporate*, pour une meilleure connaissance des métiers du groupe. En réhabilitant et s'appropriant indirectement un lieu aussi prestigieux, Vinci se dote d'un véritable « supplément d'âme ». L'entreprise, forte de cette nouvelle « aura », s'ouvre sur une communication institutionnelle culturelle et grand public. Elle peut aussi s'intéresser aux relais d'opinion que sont les journalistes et leur donner une matière éditoriale d'envergure : le plus grand chantier de mécénat actuel, avec une offre de contenus variée (peinture, sculpture et manufacture).

  D'où la possibilité de développer une nouvelle communication à la hauteur du projet : sélection de supports spectaculaires et prestigieux, comme les écrans panoramiques, la géode du Futuroscope... Par exemple : création de films et documentaires sur l'ampleur de la tâche, mettant en avant la beauté du lieu avant et après restauration et les métiers de Vinci ; déclinaison CD-Rom pour les filières scientifiques et artistiques des écoles ; présentation du projet sur le site internet de Vinci.

  Le Château pourra accueillir concerts, bals, opéras, assemblées d'actionnaires, séminaires inter professionnels et déjeuners ou dîners avec des journalistes sur un thème (par exemple, « Le patrimoine et le développement durable »).

L'identification des salariés à ce projet noble, beau, collectif, est facteur de motivation et de mobilisation, et moyen de rapprocher les collaborateurs de la politique globale de mécénat du groupe.

Conclusion

Avec les nouvelles mesures du projet de loi Raffarin, le mécénat qui a été un moyen de communiquer sousexploité devient fiscalement intéressant pour engager l'entreprise sur son marché, dans la vie de la société, auprès de son personnel, de ses investisseurs, de ses clients, et valoriser ses actifs.

À la barrière sacrée qui prônait, d'une part, l'intérêt général, les valeurs, et la culture, et, d'autre part, l'intérêt privé, le profit, l'entreprise et l'argent, le mécénat invite à une conversion de l'entreprise qui manifeste ainsi sa dimension sociétale, sa responsabilité sociale et culturelle.

Le mécénat devient un nouveau pilier du développement durable au XXIᵉ siècle, et trouvera sa place dans les critères de notation éthique des entreprises pour devenir une référence de confiance sur les marchés boursiers.

Il est aujourd'hui encore difficile de mesurer l'efficacité des actions de mécénat culturel, cependant il est possible de valoriser les retombées presse qu'il génère, de suivre l'évolution des points d'image des marques (*tracking*). Le mécénat doit être considéré comme un axe de communication à moyen et long terme, au service des valeurs de la marque ou de l'entreprise.

Conclusion générale

- Le monde de l'art s'ouvre et répond aux besoins d'une société en quête de sens.

- L'entreprise constitue un capital de valeurs culturelles à partager et à médiatiser.

- Les cibles de l'entreprise, consommateurs, salariés, actionnaires, prescripteurs, peuvent faire l'objet d'une communication globale.

- L'individu retrouve par l'art sa dimension humaine et spirituelle.

- L'art dans les médias se crée une niche confortable, notamment dans la presse.

- La volonté affirmée en 2003 des pouvoirs publics de revaloriser le mécénat par des dispositions juridiques et fiscales avantageuses incite le monde du privé à intervenir au cœur de la cité, sur l'ensemble des problématiques, sociales, environnementales mais aussi culturelles.

- Toutes ces nouvelles données politiques, économiques et sociales confrontées aux nouvelles orientations des stratégies des marques et des entreprises au sein de l'économie durable offrent des perspectives d'innovation, de compétitivité, et de valorisation sur les marchés financiers.

- L'art, nouveau média pour l'entreprise, tel est l'enjeu mais aussi l'ambition que peuvent se fixer de nombreuses entreprises pour renouer le dialogue à l'interne et à l'externe.

ART ET CULTURE

Supplément d'âme, lien entre le passé, le présent et l'avenir
Lieu d'échange entre les populations
Patrimoine = mémoire collective = devoir de transmission,
atemporel, sens
Artiste = médiateur = passeur

SOCIÉTÉ CIVILE

ENTREPRISE

Solidarité et paix entre les nations
Image, éthique, patrimoine génétique,
Réservoir de valeurs sociales,
industrielles
Human assets = productivité, créativité
Responsable et animateur de la
société
Devoir de pérennité = construire le
futur

DÉVELOPPEMENT DURABLE

Devenir et sauvegarde de la
planète
Biodiversité
Environnement, humanitaire,
culture

Questionnaire destiné aux entreprises en préalable d'un audit MPG Art

1. Qui êtes-vous ?

- Nature, forme, taille de votre entreprise, cotée en Bourse ?
- Sa structure géographique ?   Implantation centralisée
  régionale
  nationale
  internationale
  filiales
  succursales
- Vos métiers ?   Compétence, savoir-faire spécifique
  Appartenance à un groupement
- Votre histoire ?   Création, produits, événements
- L'expression de votre identité ?
  - les mythes et légendes (anecdotes transformées en croyances)
  - les rites (écrits, relations, fêtes, hiérarchies, récompenses)

- les symboles (vêtements, véhicules, logos)
- les mentalités et attitudes
- les relations avec le personnel (hiérarchie/personnel, salariés entre eux)

• Quelles sont vos valeurs ?

a) valeurs nécessaires au bon exercice du métier de l'entreprise (savoir-faire) :

- la technique
- l'innovation
- l'excellence
- la performance, le goût du challenge
- l'esprit d'audace
- la beauté

b) valeurs dépassant l'entreprise, conditionnant son cadre d'exercice :

* valeurs liées au respect de la personne

- humanisme
- transparence, loyauté, cohérence
- rigueur
- *customer care*
- complicité, connivence

* valeurs liées au respect du marché

- éthiques : pérenne, sociale, morale
- démarche citoyenne
- adhésion à une charte d'entreprise ou un code de bonne conduite
- qualifications ISO ou autres

* solidarité, civisme (éducation/formation, santé, droits de l'homme, emploi, enfants, tiers monde, progrès, recherche…)

c) *valeurs de cohésion de l'entreprise :*

– appartenance

– solidarité, motivation

– responsabilité

– justice

- Objectifs réalisés à ce jour ?

  – la cohésion (intégration, unité, distinction)

  – la motivation (implication, partage)

  – l'adaptation, l'orientation des comportements

- Quelles sont vos relations avec vos actionnaires (forum, club) ?

- Qui sont vos clients (cibles, leurs attentes) ?

- Quelles sont vos relations avec vos fournisseurs, vos distributeurs ?

- Quels sont vos marchés ?

- Qui sont vos concurrents ?

  – nature de leur offre

  – comment et avec quelle puissance communiquent-ils ?

  – quelle est leur image auprès du public ? des décideurs ?

  – quelles sont leurs forces et leurs faiblesses ?

  – quelle menace éventuelle représentent-ils pour l'entreprise ?

  – quelle est leur répartition géographique ? concentrée sur une ou plusieurs régions ? implantation nationale ou internationale ?

– ont-ils déjà eu recours à une action de communication par l'art (mécénat, parrainage, partenariat patrimoine, achat d'œuvres, expositions...) ? quelle forme artistique (arts visuels, musique, littérature, danse...) ?

2. Pourquoi communiquer par l'art ?

a) l'image de l'entreprise, en interne :

– améliorer les relations humaines, la communication interne

– favoriser l'identification avec l'entreprise

– créer un sentiment d'appartenance

– faire mieux accepter l'entreprise

– réduire les angoisses

– créer une atmosphère de compréhension, de motivation

– renforcer l'engagement des salariés

– renforcer la satisfaction des salariés

– décloisonner les services

– humaniser les rapports entre la hiérarchie et le personnel

b) l'image de l'entreprise, en externe :

– changer le regard : étonner, surprendre

– créer un capital sympathie et esthétique

– augmenter la notoriété, le prestige

– nourrir l'image (vivre avec son époque, être en harmonie avec l'air du temps, préparer l'avenir, prendre position dans la vie de la cité) tout en restant authentique

– gérer les crises (l'éthique) : prévenir les pertes d'image (pollution, recyclage...)

– restaurer l'image

– reconquérir la crédibilité

- regagner la confiance
- transparence

c) l'image de l'entreprise vis-à-vis de la concurrence :
- créer des différences qui feront la préférence
- créer un plus
- anticiper pour devancer la concurrence

3. Quelles cibles ?

- Personnes ciblées habituellement (les consommateurs)
- Cibles nouvelles (désacralisation de l'art = « grand public »)
- Cibles niches stratégiques

a) dans l'entreprise :
- tous les salariés
- les futurs salariés
- les syndicats

b) dans l'économie :
- les consommateurs
- les clients, les prospects
- les fournisseurs, les distributeurs
- les partenaires
- les concurrents

c) dans la finance :
- les banques
- les financiers
- les créanciers
- les actionnaires

d) dans les leaders d'opinion :

– associations de défense des droits des consommateurs

– organisations professionnelles

– organisations patronales

– journalistes

e) dans la politique et dans l'administration :

– administrations

– partis politiques

– hommes et femmes politiques au niveau de la commune, de la ville, du département, de la région, national, international

f) dans l'opinion publique :

– population de la région et du pays

– institutions sociales

– associations

– fédérations

4. Avez-vous déjà eu recours à l'art pour communiquer sur une marque ou un produit ?

• Quel type d'expression ?

– dans le processus de création

– par la renommée d'un artiste

– par le recours à une œuvre d'art proprement dite

– par un jeu de mots

– un clin d'œil érudit

– un pastiche

- Dans quelle discipline artistique ?
  - peinture
  - photo
  - sculpture
  - musique
  - architecture
  - design
  - autres
- Quel score d'impact, quel score d'agrément ?
- Quel apport quantitatif ?
  - gain de part de marché
  - économie sur le plan média
  - ouverture à l'international
- Quel apport qualitatif ?
  - gain de notoriété
  - un avantage concurrentiel
  - améliorer l'image du produit ou de la marque

5. Les champs d'action pressentis ?

- action ponctuelle à court terme
- mécénat, action long terme (restauration de patrimoine culturel, rénovation de salles de musées avec apposition d'une plaque dédiée à l'entreprise)
- parrainage (émissions TV, radio, rubriques presse…)
- soutien à de grandes expositions pour le rayonnement du patrimoine
- dons d'œuvres aux musées pour enrichir le patrimoine
- achat d'œuvres par l'entreprise (exposition interne)

- fondation d'entreprise
- association
- financement des projets de jeunes artistes
- encouragement de la création contemporaine
- révélation de jeunes talents, en leur donnant une première chance auprès du public = l'entreprise révélateur de talents = entreprise entreprenante
- festivals, spectacle-événement
- création d'un site internet, galerie virtuelle
- célébration anniversaire de l'entreprise, marque, produits...
- implication éventuelle du réseau (filiales, succursales), en France, à l'étranger
- Est-ce que les budgets sont décentralisés ?
- Intervention ?
  - en moyens financiers
  - en nature
  - en technologie
  - en compétence

6. Exploitations souhaitées de la communication ?

- aucune (discrétion totale)
- soirées de vernissage pour VIP, collaborateurs, clients...
- communication *corporate*
- logo sur billet d'entrée à l'exposition ou au concert, sur programme, affiches, invitations
- mailing aux abonnés du club (s'il existe)

- publication d'un livre et envoi gratuit aux VIP et aux meilleurs clients
- timbres spéciaux
- édition du CD-Rom de l'exposition
- organisation de colloques sur une thématique en relation avec l'événement
- communication graphique (association du nom au logo)
- campagne publicitaire sur l'événement
- développement des programmes d'ateliers pour la gestion du personnel basé sur des techniques artistiques (gestion d'équipes, développement de la créativité, gestion du stress...)

7. Budget alloué

Signatures   Questionnaire validé par le PDG
la direction générale
la direction marketing
La direction de la communication,
de la production,
des ressources humaines

Bibliographie

Ouvrages

Roger BASTIDE, *Art et Société*, L'Harmattan, Paris, 1997

Dominique CHÂTEAU et Bernard DARRAS, *Arts et multimedia*, Publication de la Sorbonne, 1999

Catherine CLÉMENT, *La nuit et l'été : rapport sur la culture et sur la télévision*, Seuil, Documentation française, Paris, 2003

Arthur DANTO, *L'art contemporain et la clôture de l'histoire*, Seuil, Paris, 2000

Bernard DELOCHE, *Le musée virtuel*, PUF, Paris, 2001

Olivier DONNAT, *Les pratiques culturelles des Français*, Enquête 1997, Documentation française, 1998

Nelson GOODMAN, *Langages de l'art : une approche de la théorie des symboles*, éd. Jacqueline Chambon, Paris, 1990

Ernst GROMBICH, *Histoire de l'art*, Gallimard, Paris, 1997

Nathalie HEINICH, *La sociologie de l'art*, La Découverte, Paris, 2001

Marie-Claire MARSAN, *Les galeries d'art en France aujourd'hui*, L'Harmattan, Paris, 1998

Raymonde MOULIN, *L'artiste, l'institution et le marché*, Flammarion, Paris, 2000

Alain QUEMIN, *L'art contemporain international. Entre les institutions et le marché*, éd. Jacqueline Chambon, Paris, 2002

Répertoire du mécénat, Admical, 2002

Jean RODRIGUEZ et Geoffrey TROLL, *L'Art-thérapie : pratiques, techniques et concepts*, Elléboré, Paris, 2001

Études

Mini chiffres-clés/ données 2000 - Ministère de la Culture et de la Communication

« *Dépenses des ménages pour la culture, évolutions et déterminants* », Département des études et de la prospective (DEP), bulletin n°132, février 2000

« *Les pratiques culturelles des français* », *Évaluation* 1989-1997, DEP n°124, juin 1998

« *L'éducation aux arts et à la culture* », Rapport présenté au ministre de la Culture et au ministre délégué à l'Enseignement scolaire, janvier 2003

« *Le marché de l'art : les chances de la France* », Rapport du sénateur Y. Gaillard, Sénat, 1998-1999

L'observatoire de la radio 2001-2002, Étude CCA –IP

« Les Français et l'art », sondage BVA 2000, *Beaux-Arts Magazine,* janvier 2001

Médiamétrie/Téléreport, janvier-décembre 1995 et 2001

Étude SPONSORCLICK publiée par *CB News,* n°730, janvier 2003

Presse

Beaux-Arts Magazine, n°224, janvier 2003 et n°226, mars 2003

CB News, n°345, avril 1994

Consojunior 2002, univers des 8-15 ans

Économie des arts de rue, n°127, mise à jour août 2000

Figaroscope enfant, n°18236, mars 2003

Les galeries d'art contemporain, n°134, octobre 2000

© Éditions d'Organisation

Le journal des arts, n°79

Sciences Humaines, hors série n°37, 2002

« Les usages de loisirs de l'informatique domestique », *Développement culturel,* n°130, 1999

« *Écosystèmes du monde de l'art* », *Revue Art Press,* numéro spécial 22, 2001

Zurban, n° 125, janvier 2003

Sites Internet

Artcult.com

Artnet.com

Artprice.com

Culture.gouv.fr/culture/autser/art.htm

www.ingramcontent.com/pod-product-compliance
Lightning Source LLC
Chambersburg PA
CBHW061218220326
41599CB00025B/4683